中公新書 2611

岡山 裕著

アメリカの政党政治

建国から250年の軌跡

中央公論新社刊

はしがき

独特なアメリカの政党

アメリカ合衆国（以下アメリカと表記）の政治で、民主党と共和党という二つの政党が競争していることは日本でもよく知られている。二つの政党の成立は、日本の明治維新よりも前に遡《さかのぼ》る。民主党の登場は一八三〇年前後であり、一般大衆を支持基盤とする本格的な政党としては世界初といってよい。共和党も、その少し後の一八五〇年代に発足している。南北戦争中の奴隷解放宣言で有名なエイブラハム・リンカン大統領は、一八六〇年に初当選した共和党所属としては初の大統領である。アメリカは民主的な政党政治の母国である。

アメリカが「元祖」であるような政治制度は少なくない。成文の憲法典、大統領制、法律などの合憲性に関する司法審査制度などがそれにあたり、多くの国々で取り入れられてきた。

ところが、政党については事情が異なる。他の国に模倣された形跡が見当たらないどころか、他の民主主義国の政党とは「選挙に独自候補を立てて政府の掌握を目指す」以外に共通項があまり見当たらないほど独特である。イギリスなどのアングロサクソン系の諸国は、多くがアメリカと同じく二つの主要政党が政権獲得を目指す二大政党制（二党制）をとってきたが、それらの国々と比べても大きな違いがある。

このため、日本を含む他国の政党を念頭にアメリカの政党政治を観察しても、理解できないことが多い。二〇一六年大統領選挙では、共和党の政治家でもないドナルド・トランプが、事実の軽視や差別的な言動を党の指導者たちに批判されながら、同党の大統領候補となり当選まで果たしたが、これは多くの国では考えられないであろう。しかし、理解できないだけなら害はない。他国からの類推や想像でアメリカの政党政治を解釈すると、深刻な誤解を招くおそれもある。

日本ではアメリカを含む二大政党制について、「それぞれ団結した二つの大政党が正面から激突する」という全面対決のイメージで捉える傾向が強いように思われる。ところが、これはイギリスのように、伝統的に二大政党の主張や支持層が大きく異なり、党の執行部に党内の権力が集中しているような国にはある程度妥当しても、アメリカには当てはまらない。

アメリカの政党政治については、二大政党が対峙する大統領選挙の印象が強いかもしれない。しかし、これは二大政党が全国規模で対決するほぼ唯一の機会であり、そこから政党政治全体のあり方を類推するのは無理がある。

近年は、この全面対決のイメージがさらに強調されているようにみえる。それは、アメリカの二大政党がイデオロギー的に分極化してきたためである。この分極化とは、一九七〇年代以降民主党がリベラル、共和党が保守でそれぞれイデオロギー的にまとまり、両党の考え方の違いが大きくなってきたことをいう（以下、本書で単に二大政党の分極化という場合、このイデオロギー的分極化を指す）。

政党間で考え方が違うならば、両者が全面的に対決していると想像しても無理はない。実際、後に見るように二大政党は対決姿勢を強めている。しかし、それはあくまでも二大政党間の違いが稀薄だった過去との比較の話であり、各政党が完全に団結しているわけではない。そのため、分極化が全面対決のイメージを強めてしまうとアメリカの政党政治への誤解が深まりかねない。

柔構造を持ち広く浸透した二大政党

まとまった二大政党の全面対決というイメージが適当でないなら、アメリカの政党政治はどのように捉えたらよいのだろうか。日本を含む多くの国では、政党はある程度統率された一個の組織と見られていよう。そこでは政治家にせよ一般の党員にせよ、誰が政党に所属しているかがはっきりしており、程度の差はあれ党首あるいはそれに相当する指導者が下した決定には党全体が従うと考えられているだろう。

ところが、アメリカでは大きく様相が異なる。アメリカの主要政党も多数の人々からなる組織であるものの、そのイメージとは三つの点で性格が異なっている。

第一に、民主党も共和党も、それぞれが州を始めとする地域単位の政党組織の連合体であり、単一の組織とは言いがたい。

第二に、各地の政党組織にしても、連邦議会や州議会の各議院で党所属議員が作る組織にしても、その指導部（執行部）が強制力を伴う指示を出せないことのほうが多い。先のトランプの例に表れているように、アメリカの政党指導者たちは今日、選挙で自党の候補者を誰にするかさえ直接決められない。

第三に、政党の内外の境目もはっきりしない。そもそも、誰が党の構成員なのかについて明確なルールが存在しないのである。

ここからは、他国の政党と比べてアメリカの二大政党がきわめてまとまりの弱い、柔構造をとることがわかるであろう。各政党は、多様な考えを持つさまざまな勢力によって構成されており、それぞれの勢力が自律的に行動するため、党が一丸となって動くことはまずない。二大政党の全面対決のイメージがアメリカに当てはまらないのは、こうした事情による。

しかし、二大政党はまとまりを欠く一方で政治のすみずみまで浸透している。日本では国政と地方政治の間で、それぞれを構成する政党にずれがあるが、アメリカでは連邦(国政)レベルの政治だけでなく、州や地方レベルでも二大政党制がほぼ貫徹している。また、アメリカでは行政機関の高官や裁判官の大半が実質的に政党に所属している。他国ではしばしば党派性になじまないとされる政府機関にも政党が入り込んでいるのである。

さらに今日の二大政党は、選挙への候補者選出や資金の管理の仕方など、もともとは党内で決めていた重要事項が法律で管理されている。二大政党は人々が自発的に集まって作った結社であるにとどまらず、さまざまな主体がそのなかで政治的に活動する政治体制の一部を構成するようになっているのである。

要するに、アメリカの二大政党は組織として一体性を欠く反面、政治全体に幅広く浸透し深く根を下ろしている点に重要な特徴がある。アメリカでは、政治家だけでなく有権者も、政治に関わろうとすれば二大政党の一方の側に付くことがほとんど当然視される。しかし、それによって政党に活動を制約されることはまずない。そのため通常は、政党間の移動もあまり起こらない。

二つの視点――政党と政党制の制度化、支持勢力の変容

アメリカではなぜ、特定の二政党が例外的にも見える政党政治を生み出しているのだろう

か。本書では、一八世紀後半の建国からの政党政治を歴史的に紐解くなかでこの問いに答えていく。

現代政治に関心をもつ読者は、このような説明を回りくどく思うかもしれない。しかし、アメリカでは一七八八年に批准成立した合衆国憲法が今日まで有効であるなど、政治体制の連続性が大きい。冒頭で触れたように、今日の二大政党も一九世紀半ばまでに登場している。ここまで見た政党や政党政治の特徴も、建国から約二世紀半の間に少しずつ形成されてきた。二大政党が分極化した今日の政党政治を考えるにも、そうした特徴が生み出された時期の政治的文脈を踏まえる必要がある。

そのうえで、本書はアメリカの政党政治の歴史的展開を次の二つの視点から検討する。

第一は、政党および政党制の制度化が歴史的にどう進んだのかである。

建国期の政治指導者たちは、政党を含む党派一般を嫌悪していた。ところが、その後一九世紀前半にかけて全国規模の政党が組織され、選挙制度が政党間対立を前提としたものに修正されていく。二〇世紀には、民主党と共和党という特定の一対の政党が政党政治の担い手であることを前提に、政党内の事項が法的に統制されるようになる。

第二は、各政党を支える勢力の構成や二大政党間の対立の構図がどう変容してきたかである。

民主党は二世紀近く、共和党でも一世紀半以上の歴史を持つが、その間に結成当初とは正反対の主張や支持勢力まで内包するようになった。本書では、主要政党が各時期にどのような勢力に支えられていたのか、それによって各党内や二大政党間にどのような政治的力学が生み出されたのか、さらにそれが長期的にどのように変容していったのかを明らかにする。

注意を要するのは、各政党内の勢力が多様なため、二大政党間に常に明確な対立軸があったわけではないことである。それは、二大政党のイデオロギー的分極化が進んだ今日にも当てはまる。また時期によっては、二大政党以外の政党も一定の影響力を発揮しており、本書では適宜これらの第三党にも言及する。

本書は政治学の理論的な政党政治研究と、歴史学の政治史研究の知見を踏まえて書かれている。二大政党を軸に、アメリカの選挙や政策過程がどのように動くのかのメカニズムをなるべく丁寧に説明するようにした。本書はアメリカ政治史の通史ではないが、現代のアメリカ政治を理解するうえで不可欠となる歴史的背景は、極力盛り込むよう心がけた。

アメリカの政党政治の面白さは、二大政党の全面対決という単純な見方を乗り越えた先にある。この本を通して、読者は明快だが現実にそぐわないアメリカ政党政治の像を離れ、政治全体を緩やかに覆う政党の独特の特徴を踏まえて、アメリカ政治を観察できるようになるであろう。

目次

アメリカ政治史の時期区分

主な政治的出来事	時期区分	政党制
1775年　独立戦争（～1783年）		
1776年　独立宣言	革命期（1764～89年）	
1781年　連合規約成立		
1787年　憲法制定会議		
1789年　連邦政府発足		第1次
〈19世紀〉		
1812年　1812年の戦争（～15年）	好感情の時代（1810～20年代）	
1828年　A・ジャクソンが大統領に当選	ジャクソンの時代（1830～50年代）	第2次
1861年　南北戦争（～65年）		第3次
1863年　奴隷解放宣言	再建期（1865～77年）	
1877年　連邦軍が南部から撤収		
1883年　ペンドルトン法成立	金メッキ時代（1870年代～19世紀末）	
1896年　プレッシー事件判決	革新主義時代（19世紀末～1910年代）	第4次
〈20世紀〉		
1917年　第1次世界大戦参戦（～18年）		
1929年　大恐慌始まる		
1932年　F・ローズヴェルトが大統領に当選	ニューディール期（1933～38年）	第5次
1941年　第2次世界大戦参戦（～45年）		
1964年　市民的権利法成立	市民的権利運動期（1950～60年代）	第6次？

註記：時代を画す重要な出来事は太字にした．政党制はそれぞれの大体の開始時期を示した．アメリカ史の時期区分の仕方は大まかで，時期間の重なりもある

出典：筆者作成

政党制の展開

政党制と時期	主要政党の組み合わせと主な対立軸	主な第三党
第1次 1789－1828	連邦派・共和派 連邦政府の役割	労働者政党
第2次 1828－56	民主党・ホイッグ党 ジャクソン政権への態度	反メイソン党，自由党，自由土地党，アメリカン党
第3次 1856－96	民主党・共和党 奴隷制の拡大・南北戦争の遂行	禁酒党，グリーンバック党，労働者政党，人民党
第4次 1896－1932	民主党・共和党 産業資本主義への態度	アメリカ社会党，革新党
第5次 1932－68？	民主党・共和党 ニューディール政策への態度	革新党（1948年），州権民主党
第6次？ 1968？～	民主党・共和党 保守・リベラルのイデオロギー対立	改革党，アメリカ緑の党，リバタリアン党

註記：政党制の時期については，節目となった大統領選挙の年を基準とした
出典：筆者作成

現代アメリカの地域区分

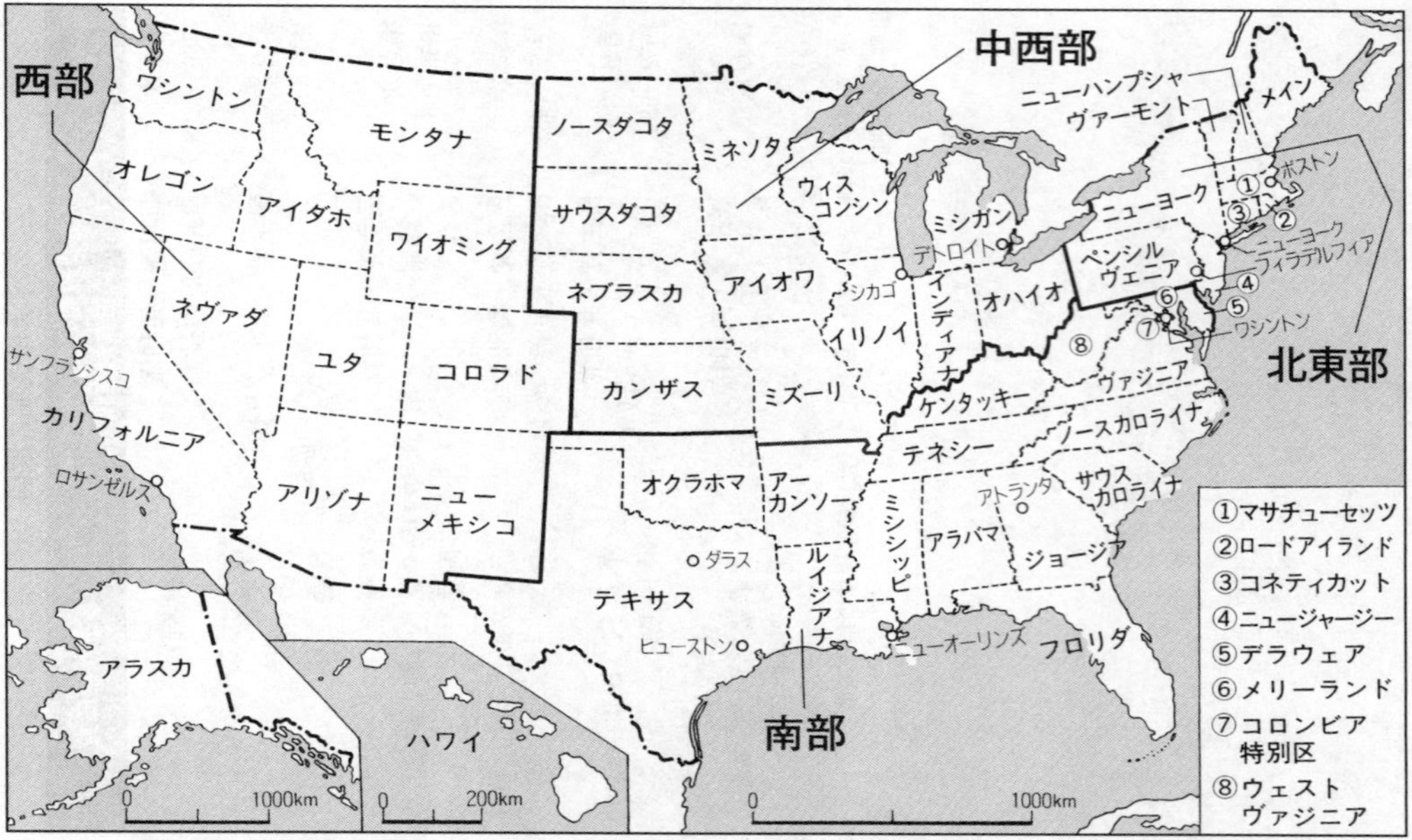

註：この地域区分は米国国勢調査局によるもので，本文中のものと同じではない

アメリカの政党政治

――建国から250年の軌跡

序章　政治を緩やかに覆うアメリカの政党

ここでは、アメリカの二大政党が政治全体に緩やかに浸透している様子を、今日の選挙と政策形成過程について、アメリカ政治の基本的な制度枠組みを概観しながら示していこう。政党は、アメリカに限らず民主政治にとって不可欠な存在と考えられている。その役割は、市民の意見を集約して政治に反映すること、逆に市民に重要な政策課題や政策案を提示すること、政治家の育成、政府の運営など多岐にわたる。

自発的結社である政党は、何を目的に組織されるのだろうか。アメリカの政治学者アンソニー・ダウンズは、政治学の古典となっている一九五七年の著書『民主主義の経済理論』で、「合法的な手段で政府機関を掌握しようとする人々の連合体」と政党を定式化した。政府権力の追求だけが政党の目的だという見方は、乱暴だと思うかもしれない。しかし、ダウンズが主に観察したアメリカの政党では、実際に党に集った人々の間で選挙での勝利という目標以外の共通項を見つけるのが難しかった。さまざまな利害や主義主張を持つ集団が、各党内で自己主張しながら共存していたからである。

「はしがき」でも述べたように、他国の多くの政党と比べたとき、アメリカの二大政党の重要な組織的特徴として柔構造がある。アメリカの主要政党は、そもそも単一の組織でなく地域単位の政党組織の連合体であり、党内の規律が弱く統率がとれないばかりか、政党の内外の境界も明確でない。以下ではこのことを、より丁寧に見ていこう。

緩やかに広く覆うテント

「我々民主党の人間［Democrats］は、皆一つのテントにいる。これがよその国なら、我々は五つのバラバラの政党に分かれていることだろう」。一九七五年、数年後に連邦議会下院議長となる民主党のティップ・オニール議員は、このように述べている。

この発言は、当時の民主党の様子を表したものとして知られる。しかしテント（天幕）という喩《たと》えは、柔構造を持ち政治全体を緩やかに広く覆う、アメリカの二大政党の性格を実にうまく捉えている。アメリカには各政党の名が付いた二つの巨大なテントがあり、それぞれが政治のあらゆる部分に広がり、両者が合わせてアメリカ政治のほぼ全体を覆っているというイメージである。

どんな組織も、その構成員および構成員の資格要件や組織の活動の仕方などを定めた（暗黙のものも含む）広義のルールからなる。先の喩えでいえば、テントは政党のルールにあたり、テントに集まった人々が政党の構成員となるだろう。ただし、政党のルールといっても、他国の多くの政党が、入口に鍵があり、内部が役割の異なる複数の部屋に仕切られている一般の建物だとすれば、テントのようなアメリカの政党のルールは、出入りも自由なら内部のどこで何をしようとかまわない、緩やかなものである。

二大政党という二つのテントは、もともと組織化を図る政治家が自主的に設けたものだが、時代が下るにつれて人々にとって所与の存在になっていった。さらに、二〇世紀以降はその存在が公式の政治制度の一部に組み込まれていく。これは、（天幕のイメージからはずれるが）キャンプ場に二つの巨大なテントが張られ、大多数のキャンパーがそれらのなかで過ごすようになった結果、キャンプ場が二つのテントを維持・管理し始め、キャンプ場の規則にそれらのテントの利用方法まで盛り込まれるようになった状況といえる。

アメリカの二大政党は、組織構成などが互いによく似ている。それは、歴史的に互いを参考にしながら発展してきたのに加えて、今日ではこうした共通のルールによって統制されているからでもある。

なお、アメリカでこのような特徴を持つのは二大政党だけである。今日でもアメリカ緑の党やリバタリアン党といった第三党が登場しているが、例外的な事情がない限り選挙に勝つ見込みはほとんどないと考えられてきた。

二大政党の類似性と対照的に、今日二大政党と第三党は規模だけでなく法制度上の位置づけも異なる。後に見るように、新党は事前に署名を集めるなど、一定の要件を満たさなければ選挙に候補者すら立てられない。アメリカというキャンプ場内に他のテントを張る、つまり第三党を作り、存在感を発揮することは難しくなっている。こうした違いから、以下本書で単にアメリカの政党という場合、二大政党を指す。

まとまりなく、内外の境界の不明確な政党

二大政党は、それぞれ全国で一つの政党と認識されている。しかし、州が重要な役割を果たすアメリカの連邦制の構造と対応する形で、各政党の組織的実体は各州にある。

各州の党組織の代表からなる全国規模の組織として全国党委員会があるが、これは党全体の方針のとりまとめ役以上の存在ではない。州党委員会を頂点とする各州の政党組織との間に指揮・命令系統があるわけではない。また郡(カウンティ)やタウンなどの地方行政単位ごとに置かれた党委員会は、州党委員会からも多分に自律的に活動する。

つまり、アメリカの政党は、全国政党といっても実際は多数の自律的な組織の連合体である。たとえばミネソタ州およびノースダコタ州では、民主党が二〇世紀半ばに農民政党と合

併した関係で、正式名称に第三党の名前が残っている。党全体を統括する党首に相当する役職も存在しない。アメリカの政党は組織構成の面でも、規律の面でもまとまりがない、まさに大きなテントのような存在なのである。

誰がアメリカの政党の構成員なのかも、かなりあやふやである。最も基本的なこととして、政党に党費を納めて党員となるといった党員制度がない。それでも、党組織を運営する人々や、党から選挙に出るなどして公職に就いている人々は政党の一員といえるはずであろう。ところが今日ではトランプのように、ある政党とつながりがなく、党の指導者から求められたり承認されたりしたのでなくてもその党から選挙に出られる。こうした人々が実質的に党に所属しているといえるのかは、はっきりしない。

他方で有権者については、逆の意味で党所属の意味が明確でない。支持政党を持つアメリカの有権者は、自分のことを「デモクラット」あるいは「リパブリカン」と呼び、日本のメディアはそれぞれ「民主党員」、「共和党員」と訳す。しかし、党員制度がない以上、彼らは政党の一員でなく支持者にすぎないはずである。

ところが、彼らの多くは支持政党に強い一体感を抱いている。実は、支持政党を尋ねる世論調査の質問も、ほとんどはどれかの政党に一体感を感じるかを問うものである。また後に見るように、予備選挙での投票といった形で党の意思決定にも参加できる。そのため、彼らは単なる支持者とも言いきれない。かつてアメリカの政治学では、支持者を政党の一員として分析する傾向が強かったが、それはこうした事情による。

以下本書では、政治学の標準的な見方に従って、エリートからなる組織としての政党を支持者と区別して扱う。しかし、アメリカでの政党所属はエリートと有権者のいずれについても、本人が二大政党のどちらの陣営に付くと考えているかで決まる。つまり、政党の構成員は出入りが自由な巨大なテントの下に集まった人々全体ともいえる。アメリカの政党政治の特徴は、この二つのテントが政治のすみずみまで広がり、今日それ自体が公式の制度になっている点にある。

実は、主要政党が公式の制度の一部になったり、政党の内外の境界が不分明になるといったことは、二〇世紀後半からヨーロッパなどでも観察されている。日本でも、一九九五年施行の政党助成法にみられるように、政党の公式の制度化は生じている。しかし、アメリカの事例は二大政党に限定して、長期にわたり徹底してきたという点で突出している。

ここからは、この事実を選挙と政策形成過程について確認する。一九七〇年代以降の連邦レベルの政治を念頭に置いて、基本的な政治制度を解説しながら検討する。それによって、アメリカの政党政治が二大政党の全面対決という単純な図式で捉えられず、柔構造を持つ二つの政党が政治全体に浸透していることが理解できるであろう。

選挙と政党

民主政治における政党は、何よりもまず選挙を戦う組織である。アメリカの政党内でも、選挙に勝つという目的自体は共有されている。しかし、組織的なまとまりも規律も弱いため、統率のとれた形で活動するわけではない。

アメリカの選挙制度の基本は、選挙区ごとに候補者が立って投票が行われ、最多得票者のみが当選する小選挙区制である。一般に、小選挙区制は二党制につながりやすいとされる。これをデュヴェルジェの法則というが、とくにアメリカでは政党が全国規模で選出される大統領を輩出することを重視してきたため、地域政党も登場しにくかったとみられる。

連邦レベルの選挙は現在、偶数年の一一月上旬に実施され、連邦議会議員と正副大統領が対象になる。議会の解散という制度はなく、大統領が辞任するなどして空席になっても副大統領が昇格するなどし、大統領選挙の日程は変わらない。

連邦議会は、上院と下院に分かれる。任期六年の上院議員は、各州から人口規模にかかわらず二名選出される。今日は五〇州のため全部で一〇〇議席であるが、二年ごとにその三分の一が改選されるよう任期がずらされている。選挙区は州全体で、同じ州の二つの議席は別々の年に改選される。下院議員は任期二年で、今日四三五ある議席のすべてが毎回改選さ

0-1　合衆国憲法上の三権分立

	立法権 連邦議会	執行権 大統領	司法権 合衆国最高裁など 司法裁判所
組織構成	上院と下院からなる 上院議員：今日100名，任期6年 下院議員：今日435名，任期2年	任期4年（今日2期まで） （大統領は単独で執行権を持つ．大統領府・内閣などはそれを補佐する役割）	最高裁は今日9名からなる（判決は過半数の賛成で決定） 他に13の控訴審裁判所，多数の地方裁判所など
主な役割	立法による政策形成，法執行の監視	法執行の監督， 外交交渉， アメリカ軍最高司令官	訴訟を通じた法執行
主な憲法上の権限	徴税，宣戦布告など連邦政府の大半の権限 行政官・裁判官の人事の承認（上院） 条約の批准（上院）…3分の2の特別多数 憲法修正の発議…両院の3分の2 連邦公務員の弾劾（下院の過半数の賛成で上院での裁判へ…3分の2の賛成で更迭）	外交・条約の締結 連邦議会の召集 立法への拒否権（両院の3分の2で乗り越えが可能） 行政官・裁判官の指名・任命権 州兵の連邦軍への編入 （副大統領は上院議長を兼ね，可否同数の場合のみ採決で票を投じられる）	政府活動の合憲性審査（司法審査権，1803年最高裁判決で確立） 大統領の弾劾裁判の指揮（最高裁首席裁判官） 裁判官は異動なし・任期の定めなし

れる。一〇年ごとの国勢調査に基づいて、各州に概ね人口に比例して一つ以上の議席が配分される。議席が一つだけの州を除き、州が複数の選挙区に分けられて選挙が行われる。

正副大統領は任期四年で、大統領は第二次世界大戦後、二期までに制限されている。大統領選挙は、四で割り切れる年に実施される。他の公職と違って間接選挙であり、各州および首都ワシントン（コロンビア特別区）に配分された大統領選挙人が正副大統領のそれぞれについて投票し、過半数の票を得た候補者が当選となる。各州の大統領選挙人の数はその州の連邦議会議員の合計と同数であり、一九六四年の大統領選挙以降、連邦議会に議員を送れない首都ワシントンにも特別に三名が配分されている。

各州（および首都ワシントン）の選挙人は今日、一一月の有権者による投票（一般投票という）で選ばれ、これが大統領選挙の帰趨を決める。各政党は、自党の正副大統領候補を支持する大統領選挙人の候補者を立てるので、有権者は投票時に選挙人の存在を意識せず、目当ての正副大統領候補の組み合わせに投票する。

一部の州を除き、ある州の一般投票で最多数の票を得た候補者がその州に割り当てられた選挙人すべての票を獲得する。つまり、大統領選挙も州単位で見ると小選挙区制に近い制度になっている。大統領候補は、どの州を組み合わせて全国の選挙人の過半数（今日では全五三八名中の二七〇名）を確保するかに知恵を絞ることになる。

州知事や州議会議員、市長といった州・地方レベルの公職の選挙は、任期も選挙の実施時期もさまざまであるが、ほとんどが小選挙区制で実施される。大半の州では、州レベルの裁判所の裁判官も選挙で選出され、その候補者も所属政党を持つのが普通である。裁判官の候補者が選挙時に所属政党を明らかにできる州とそうでない州があるが、後者でも実際には候補者の党派が知られることが多い。こうした点でも、アメリカの政党は政治に広く浸透している。

直接予備選挙制度

しかし、今日のアメリカでは連邦と州を問わずほぼすべての公職の選挙で、候補者はたとえ現職であっても、本選挙(大統領については一般投票)を戦う前に別の選挙に勝つ必要がある。それが、直接予備選挙(以下予備選挙)である。

この選挙は、各党の正式な候補者一名を決めるべく党内の候補者間で争われる。党内の決定を行う選挙であるが、実施の仕方は州法で規定されており、州が運営する、公式の選挙である(例外的な方式もある)。ただし、有力な現職が再選を目指す場合など対立候補が出ず、予備選挙が成立しないことは多い。一般に予備選挙の投票率はきわめて低く、大統領選挙の予備選挙でも多くの州では今日三割程度である。それでも、予備選挙の存在は二つの意味で

0-2　アメリカの選挙の仕組み

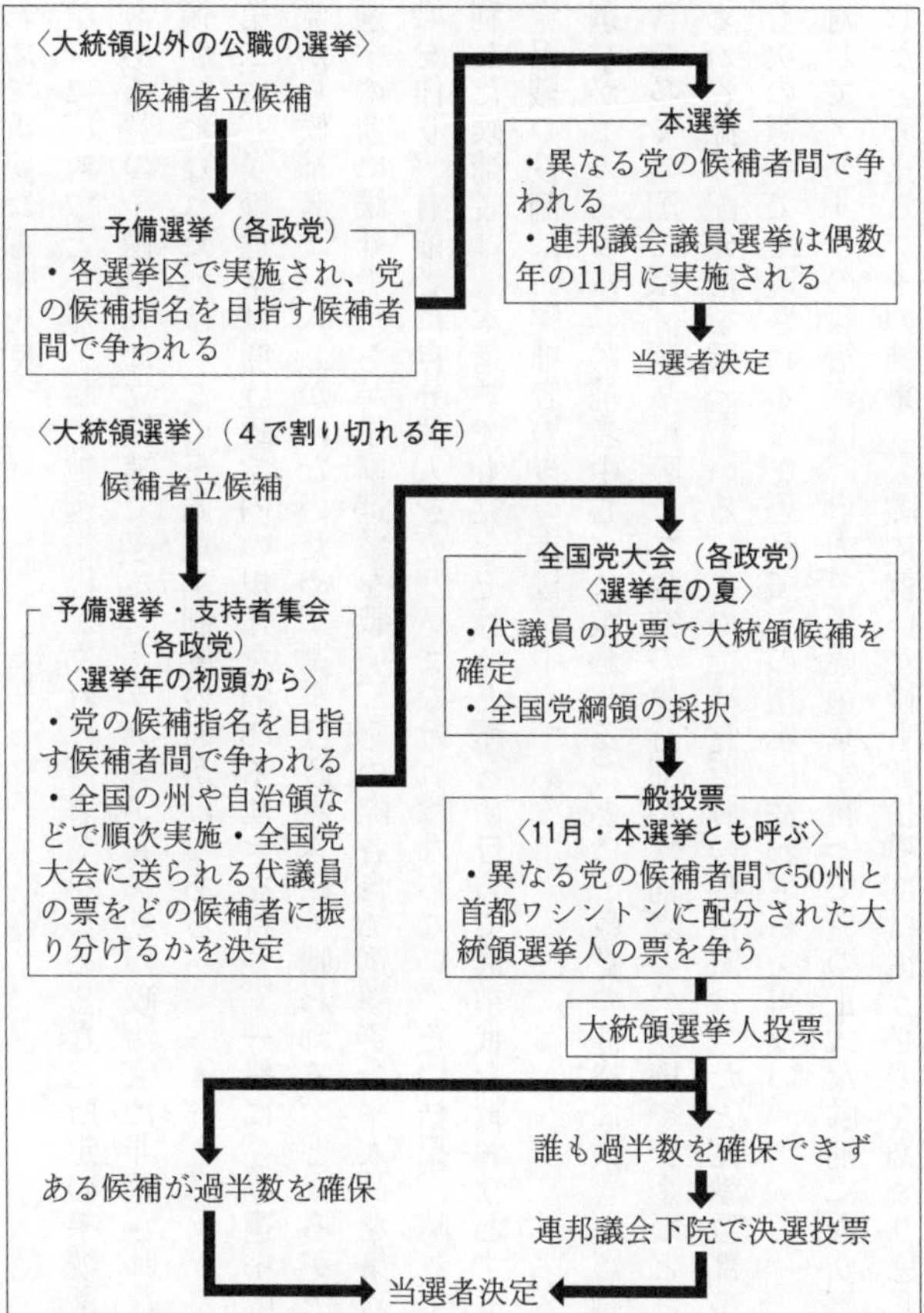
〈大統領以外の公職の選挙〉
候補者立候補
予備選挙（各政党）
・各選挙区で実施され、党の候補指名を目指す候補者間で争われる
本選挙
・異なる党の候補者間で争われる
・連邦議会議員選挙は偶数年の11月に実施される
当選者決定
〈大統領選挙〉（４で割り切れる年）
候補者立候補
予備選挙・支持者集会（各政党）
〈選挙年の初頭から〉
・党の候補指名を目指す候補者間で争われる
・全国の州や自治領などで順次実施・全国党大会に送られる代議員の票をどの候補者に振り分けるかを決定
全国党大会（各政党）
〈選挙年の夏〉
・代議員の投票で大統領候補を確定
・全国党綱領の採択
一般投票
〈11月・本選挙とも呼ぶ〉
・異なる党の候補者間で50州と首都ワシントンに配分された大統領選挙人の票を争う
大統領選挙人投票
ある候補が過半数を確保
誰も過半数を確保できず
連邦議会下院で決選投票
当選者決定

註記：予備選挙で，各候補は自力で選挙対策組織を作って戦う．予備選挙は，有力な現職が再選を目指す場合など，対立候補が出ず成立しないことも少なくない
出典：筆者作成

きわめて重要な意味を持つ。

第一に、対象となる公職の被選挙権があれば、署名を集めるなど所定の手続きを経れば誰でもある党の予備選挙に立候補できる。トランプが共和党の政治家に非難されながらその大統領候補になれたのは、この予備選挙制度のおかげである。

第二に、予備選挙制度は政党内の規律を弱める働きを持つ。一般に、小選挙区制の下では各党から候補者が一人しか出ないため、選挙は政党本位で戦われる。ところがアメリカでは、本選挙の前に候補者たちが予備選挙を戦い、その際各自で選挙資金や人員を集めて選挙対策組織を作り、有権者に自分個人を売り込まなければならない。その結果、晴れて予備選挙に勝利した候補者は、本選挙でも党をそれほど頼らず自力で選挙戦を戦おうとする。選挙での政党組織の役割は、候補者の後方支援が中心である。

選挙がこのように「候補者中心」に戦われることは、政党の性格に大きく影響する。日本を含む多くの国では、選挙に際して政党の執行部が候補者の公認権や資金など、選挙を戦うための資源の配分権を握っている。そのため党所属の政治家は、たとえ執行部の方針に反対でも次の選挙で冷遇されるのを恐れてその指示に従わざるを得ない。

対してアメリカの政治家は、自力で予備選挙を勝って党の正式な候補になり、本選挙も勝利したと考える。その結果、公職に就いた後も党指導部に従う必要をあまり感じない。このことが、党内の規律を例外的なまでに弱くしている。

大統領選挙の予備選挙は、他の予備選挙と位置づけが異なる。大統領選挙の年の夏には全国党大会が開催され、各州や自治領などの党組織から派遣される代議員たちの投票で過半数を得た者が大統領候補となる。その前に各州や自治領などで順次実施される予備選挙は、この代議員たちが全国党大会でどの大統領候補（正確には大統領候補の候補）に投票するかをあらかじめ決定するものである（地域ごとの代議員数の配分や各地の予備選挙の結果をどのように代議員票に反映させるかは政党による）。アイオワなど二割前後の州などでは予備選挙でなく、各地で開かれる党の支持者による集会（コーカスという。なお、アメリカ政治では他にもさまざまな会議体がこう呼ばれる）で候補者間の代議員票の配分が決まる。

大抵は、すべての予備選挙やコーカスが終わるまでにある候補者が指名獲得に必要な代議員票を獲得し、全国党大会を待たずに大統領候補が実質的に決定する。しかし、全国党大会では各地の党組織からの代議員以外に、連邦議会議員や州知事などの党指導者たちも自動的に代議員として参加する。彼ら、通称「スーパー代議員」は、自分の判断でどの大統領候補に投票するかを決めてよい。そのため、バラク・オバマとヒラリー・クリントンが熾烈《しれつ》な候補指名争いを演じた二〇〇八年の民主党のように、候補者決定が全国党大会に持ち越された場合、彼らの票が候補指名の行方を左右することになる。

全国党大会では、大統領候補が決定されるだけでなく、全国党綱領が採択される。アメリカの二大政党には、党の目的などを定めた恒久的な綱領が存在しない。全国党綱領が党全体の政策方針をまとめた唯一の文書になる。しかし、全国党綱領は党内の諸勢力の立場に配慮した、玉虫色の内容になることが多く、選挙に勝利してもそれに拘束されるわけではない。また近年では、大統領候補の意向がその内容に大きく影響する。さまざまな公職の候補者は、綱領に縛られることなく「候補者中心」に選挙を戦う。

このようにアメリカの政党は、勝利という目的が共有されている選挙ですら統一した方針に従って動くわけではない。また党として実現したい政策方針があるわけでもない。党内の諸組織や個々の政治家は、それぞれの動機に基づいて行動する。それは、政策形成過程でも同じである。

連邦議会——最も大きな権力を持つ機関

アメリカの連邦政府で、最も大きな権力を持つ機関は連邦議会である（以下、本書で単に議会という場合は連邦議会を指す）。連邦議会は合衆国憲法の最初に規定され、連邦政府に付与された権限のほとんどを与えられている。たとえば、徴税や宣戦布告の権限も議会に属する。重要な政策の実現には、議会による立法が不可欠となる。

0－3　連邦議会の立法過程

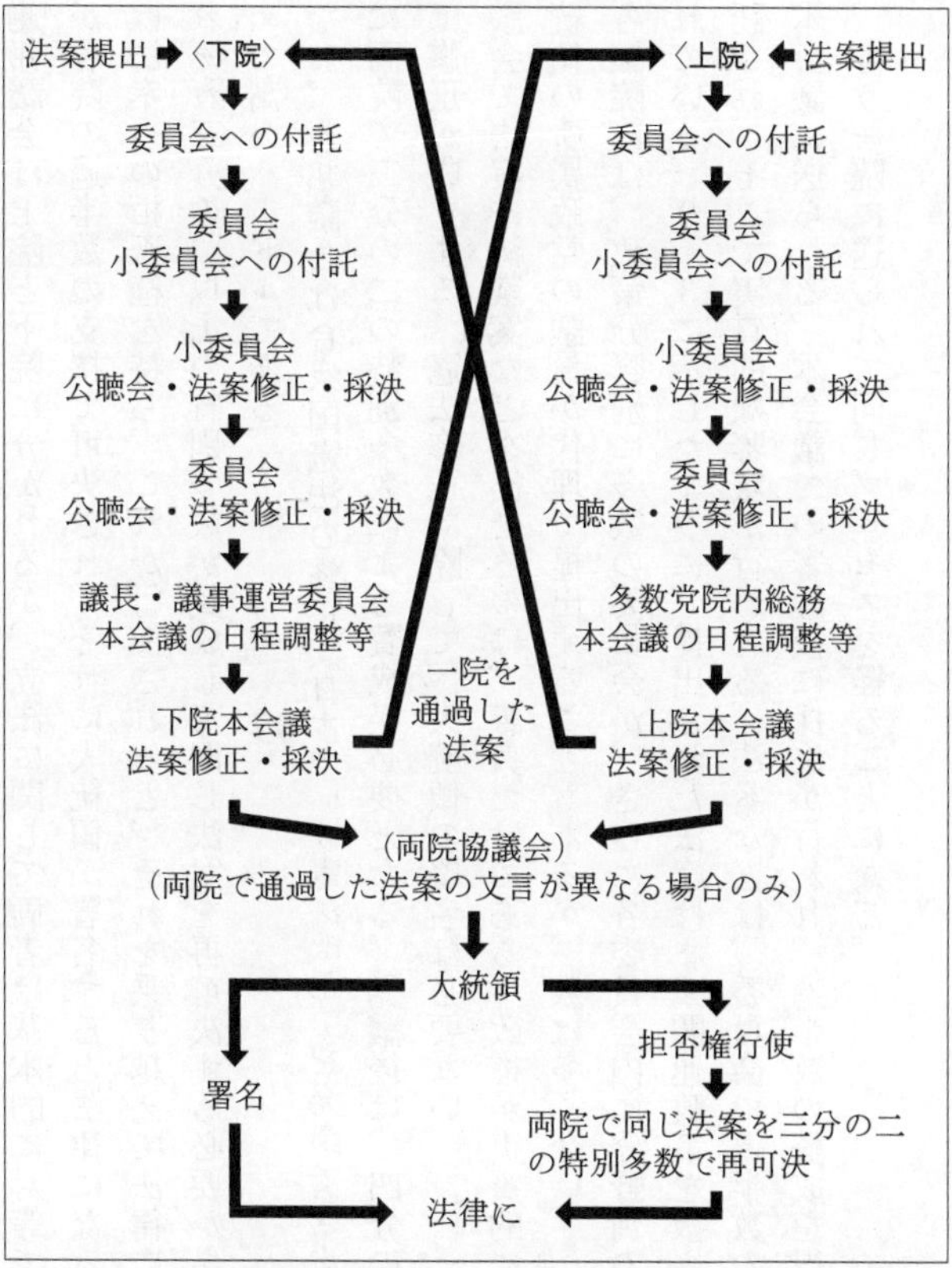

註記：１）これは現代の典型的な立法過程を簡潔に図示したものである．２）大半の法案は委員会で取り上げられず廃案になる．その後も各段階の採決で過半数の支持が得られなければ廃案となる．３）２年間の議会期に成立しなかった法案は，すべて廃案になる．４）両院協議会での法案調整後は，両院で再議決が必要となる．

出典：Congressional Quarterly, *Congressional Quarterly's Guide to Congress*, 2nd ed. (Washington, DC: Congressional Quarterly, 1976), p.345などを参考に筆者作成

連邦議会は上院と下院に分かれるが、立法に関して両者は基本的に対等で、同一内容の法案が各院の過半数の支持で可決され、それに大統領が署名すると法律になる。ただし、大統領は法案への拒否権を持ち、これが行使されると、それを乗り越えて法律にするには両院でそれぞれ三分の二以上の特別多数が賛成して同じ法案を再可決する必要がある。これは、きわめて高いハードルである。

なお、連邦議会は合衆国憲法の修正（日本でいう憲法改正）を発議できるが、これにも同様に両院で三分の二の特別多数による賛成が必要となる。発議後は、四分の三の州が批准すれば修正が成立する。憲法修正に際して、大統領の署名は必要ない。

議会で法案や決議案などを出せるのは、議員だけである。政権が実質的に法案を起草し、大統領の所属政党の議員が代理で提出することもあるが、数は多くない。

各議院には、政策分野別に多数の委員会が、さらに各委員会内に分野別の小委員会が設置されている。0-3に示したように、提出された法案はまず関連政策を扱う院内の委員会に付託され、そこで実質的な審議が行われる。法案などは、委員会で過半数の支持を得て初めて本会議に送られる。本会議での審議後に採決が行われ、過半数の賛成を得て通過した法案は、もう一院に送られて同じプロセスを経ることになる。

自律的な議員たちによる立法活動

アメリカ連邦議会の立法過程には、重要な特徴が二つある。

第一は、どんな法案でも審議過程で徹底的に修正されることである。日本の国会では、内閣提出法案の約八割が実質的な修正を経ずに成立するといわれるが、連邦議会では委員会でも本会議でも、法案の質を向上させ、また採決時に必要な支持を得られるようにすべく修正が行われる。アメリカで、利益団体などが法案の内容や採否について議員などに働きかけるロビイングが盛んなのは、働きかけが立法に影響を及ぼしうるからである。

第二の特徴は、議員たちが所属政党から自律的に行動することである。アメリカの議会では、日本の国会における党議拘束のような、党指導部による議員の投票行動の統制が難しい。すでに見たように、議員たちは当選までに政党組織の恩恵をほとんど受けないため、院内の政党指導部が法案などの賛否について働きかけてきても、それに従う必要がない。

そのため、法案や各種の決議といった議案を通すには、その都度院内で多数派を形成することになる。採決に際して、同じ党の議員で賛否が割れるのはごく当たり前である。二大政党の分極化が進んだ今日でも、各政党の議員たちが一致団結して投票することはほとんどない。多数党がまとまっていても、党内から多かれ少なかれ反対が出るため、少数党議員からの支持が必要になる。

たとえば、共和党議員の過半数と民主党議員の過半数が対立する立場で投票するという、最も弱い水準の対立を考えてみよう。これは、政党投票といわれる。ある年の上下両院本会議での全採決に占める政党投票の率を見ると、二〇世紀後半では、分極化による政党間対立が最も激しかったとされる一九九五年でも約七割にすぎなかった。アメリカの議会における政党規律の弱さは、先進国でも際立っている。

議会内における政党ごとの議員たちのまとまりを、「議会共和党」「下院民主党」などと表現する。ただし、これはそれぞれの集団が常にまとまって行動するという意味ではない。また特定の考え方や政策方針を支持する政治家たちをまとめて「革新派」「リベラル派」などと呼ぶが、次章で見る原初的な政党である連邦派と共和派を除いて、日本の政党の派閥のような組織的まとまりはない。他方、議会には人種などの属性や、政策関心を共有する議員たちが作る各種の団体（これもコーカスという）が存在する。

議員たちは所属政党に縛られないといっても、好き勝手に行動できるわけではない。今日の議員は大半が再選を目指すが、それには予備選挙と本選挙を勝つのに地元選挙区の有権者の支持が必要になる。そのため委員会でも本会議でも、選挙区や選挙を支援してくれる利益団体などへの貢献を最優先に行動すると考えられている。

議会内政党の意義

では、まとまって投票しないのなら議会内の政党組織には何の意味があるのだろうか。各院内には、政党ごとに党所属議員間の投票で選出される幹部たちからなる指導部が存在する。なかでも、多数党の指導部は院内の審議手続きに大きな影響力を持ち、とくに下院の多数党のトップは下院議長となる。また多数党は、院内の全委員会の委員長職を独占する。委員長は委員会での審議で、どの法案を取り上げるかなど大きな権限を持つ。

そのため院内の多数党は、本会議と委員会にまたがり審議手続きをかなりの程度支配できる。すでに見たように、政党指導部は各議員に法案などへの賛否を強制できない。しかし、多数党の指導部は議事を設定する力を持つので、党所属議員の多くが支持するであろう法案を取り上げ、それ以外の法案を廃案に追い込んで、立法が自党の有利に進むよう計らう。

多数党に限定されるものの、議会内では党指導部がこうして一定の影響力を発揮できる。また近年では、重要法案を起草するようにもなっている。議会内政党は、個々の議員ができない形で党所属議員の再選を助ける、協同組合のような位置づけにあるといえる。

それでも、各議員が自律的に行動することには変わりない。それに、多数党指導部の議事設定能力も万能ではない。党所属議員が皆同じ法案を支持するわけではないし、院内の少数派が議案の成立を妨害しやすいからである。

拒否権を持つ大統領が反対する法案は、片方の議院で三分の一以上の反対があれば成立しない。また上院本会議では、審議時の議員の発言時間に制限が設けられていないため、演説を続けて議事の進行を止めるフィリバスターという議事妨害が可能である。これを乗り越えるには審議打ち切り動議を可決する必要があるが、それには今日五分の三（六〇票）の特別多数による賛成が必要となる。

このように、連邦議会で政党は大きな存在感を持つものの、それは必ずしも各党が団結しているからではない。それもあって、連邦議会で物事を決めるのはきわめて難しい。近年では、提出法案のうち成立するのは数％である。各議員が一人で法案を提出でき、分極化によって二大政党間の対立が深まっていることを考慮しても、これは非常に小さい数字である。

実は権力の限られたアメリカ大統領

連邦議会が大きな権限を持つといっても、このように小回りが利かないのではその影響力は限られると思うかもしれない。実際、アメリカ政治で最も目立つのは「世界最大の権力者」ともいわれる大統領であろう。しかし、日本の首相など他国の政策執行責任者と比べると、アメリカの大統領の権力はかなり限定されている。それには、二つの理由がある。

第一に、大統領は単独で政策を動かすのに使える具体的な権限をほとんど持たない。合衆国憲法は大統領を執行権の担い手に位置づけているが、この執行権が具体的に何を含むのかは明らかでない。大統領は、アメリカ軍の最高司令官であることもあって、外交上は大きな裁量を持つ。ところが内政については、立法への拒否権や、行政官や裁判官の指名・任命権といった重要だが限られた権限しかなく、法案も提出できない。アメリカ大統領の憲法上の権限は、多くの大統領制諸国の大統領よりも弱いといってよい。

第二に、アメリカの大統領は統治にあたって所属政党の助けをほとんどあてにできない。日本を始め議院内閣制の国では、議会多数党の党首が首相になることが多い。一般に、議院内閣制の首相は大統領制の大統領よりも大きな権力を持つとされるが、それは首相がほぼ常に議会の多数派に支えられているからである。

それに対して、大統領制では大統領と議会が別々に選出される。大統領の所属政党と議会の多数党が同じ状態を統一政府といい、両者が異なる状態を分割政府と呼ぶ。同じ大統領制でも、大統領が議会内の所属政党に影響を及ぼせる場合は、とくに統一政府であれば大いに助けになる。

アメリカでも、政権党の議員たちは選挙で命運をともにする大統領と協力して立法上の成果を上げようとする。しかし、大統領は所属政党の一有力者にすぎない。議会内政党を含む党内の諸組織に指示を出す権限はないし、党内の規律が弱いので、働きかけても政治家たちに影響が及びにくい。そのため大統領から見ると、統一政府でも同じ政党の議員が全員支持に回るわけではないし、逆に分割政府だから望む立法ができないとも限らない。

大統領による権力行使

大統領が所属政党に役職を持たないということは、所属政党が大統領を統制するのも難しい。大統領選挙は今日最も「候補者中心」に戦われる選挙であり、就任後の大統領は、とくに一期目であれば再選を意識して自分を支持した諸勢力に報いることを重視して行動する。その大半は、大統領の所属政党の支持者であるが、大統領は党に合わせるよりも自らが重要と考える政策課題の実現を目指す。なお、アメリカにも内閣の概念はあるが、内閣に決定権はなく、大統領は閣議を開いても開かなくてもよい。

大統領は強力な権限を欠くものの、影響力行使のための手段を大きく三つ持つ。第一は、政策課題の設定である。大統領はアメリカ政治で最も注目される存在であり、演説などを通じて他の主体に耳を傾けさせるという、それだけで強力な権力を持つ。ここで重要な政治課題と政策案を提示し、自分の重視する政策を議会に優先的に検討させられる。

第二は、議会への直接的働きかけである。大統領は、機関としての連邦議会に対しても個々の議員にも、何かを強制できない。しかし、取引や説得は可能であり、実際に効果がある。その際、立法への拒否権は交渉の道具として大きな役割を果たす。議員たちは、法案を通しても大統領に拒否権を行使されて廃案になっては無意味なので、審議過程で一定程度大統領の意向を法案に反映させようとするためである。

第三は、法執行の責任者としての役割である。憲法にせよ法律にせよ、法解釈には必ず裁量の余地がある。大統領はそれを利用して、行政機関がなるべく大統領の望む形で法律を執行するよう、大統領令などの形式で指示を出す。時には、それを通じて実質的に新しい政策が作られることもある。

その際、大統領の役に立つのが連邦政府の官職の人事権である。アメリカでは今日でも行政機関の高官、日本の官職でいえば局長級以上がキャリア官僚でなく政治任用者で占められる。大統領は、閣僚を始め三〇〇〇を超えるポストの人事を行うが、有能なだけでなく政策への見方を共有する人物を充てて、自らの意向に沿った政策を実現しようとする。人選に際しては、候補者の政党所属が重視される。ただし、上位の政治任用職については、大統領の指名後に連邦議会上院の承認が必要であり、反対されにくい人物を選ぶ必要がある。

同様のことは、司法にもいえる。合衆国最高裁判所（以下、最高裁）を頂点とする連邦司法府は、法律を含め政府の活動の合憲性を判断する司法審査権を持ち、重要な政策形成機関と位置づけられている。日本と違い、アメリカの連邦レベルの裁判官には人事異動も任期の定めもなく、各自が自律的に判決を出すという特徴がある。そのため大統領は、自分の政策方針がなるべく司法に支持されるように裁判官の人事を行う。

法曹一元制をとるアメリカでは、裁判官は法律家としてのキャリアの途中で任官される。行政官の人事と同様、法律家としての能力、大統領との考えの近さ以前に、候補者の政党支持や所属が重要な前提となる。連邦レベルの裁判官は、任命した大統領の政党に属するとみなされる。とくに二大政党の分極化の進んだ今日、民主党系と共和党系の裁判官では出す判決の内容に明らかな傾向の違いがみられる。

諸機関を結びつけない政党

このようにアメリカの政治過程では、官僚制や裁判所といった、日本などでは党派性が排除されている政府機関にまで政党が入り込んでいる。しかし、そこでの政党の働きは独特である。多くの民主主義国では、議会多数党が内閣を組織するというように、政党が異なる政府機関を結びつけて連携して作動させる。しかし政治学者のリチャード・ニュースタッドが述べたように、アメリカの政党は「憲法が分けたもの〔諸機関〕をつなげるわけではない」。

アメリカの政党政治家は、再選や重視する政策の実現といった各自の目標を最優先に行動する。小選挙区制ではそのほうが選挙で勝利を得やすく、政党組織もそれを妨げない。そのためアメリカ政治には、政府内にも政党内にも、日本の首相のように政治全体を見渡し、指示を出せば他の主体が従うような、権力核を構成する主体が存在しない。アメリカの政党は、まさにテントのように政治全体を緩やかに広く覆うだけなのである。

では、なぜアメリカでは、このような政党が生み出されたのだろうか。そして、それらの政党によってアメリカの政治はどのように動かされてきたのだろうか。以下本書では、それを考えていく。

本書の構成

今日の民主党と共和党の政党制は、一世紀半以上という世界に類を見ない長期にわたり存続している。このような政党制が生み出されたのは、各党が柔構造を持ち、ある時期からは二大政党制が公式の制度の一部になっていったからである。本書では、長期的に支持勢力を大きく変えてきた二つの政党からなる政党制が、どのように制度化していったのかを歴史的に検討する。

以下本書は、次のような構成をとる。

第1章では、一八世紀後半のアメリカの建国から民主党が登場するまでの約半世紀を扱う。意外かもしれないが、民主的な政党政治が最も早く発達したアメリカでは、建国時には党派の存在自体が国民全体の利益の実現を妨げる、望ましくないものと見られていた。ここでは、そこで登場した原初的な政党制と、それが民主党を一角とする本格的な二大政党制の登場をどう準備したのかを検討する。

第2章では、一八三〇年代の民主党の組織化から、南北戦争を経てその戦後処理が問題となった「再建期」と呼ばれる一八七〇年代までの約半世紀を取り上げる。この時期には、今日までその基本的な性格が引き継がれるような政党による全国規模の二大政党制が登場し、一九世紀末まで政党が政治全体を支配する「政党の時代」が始まった。また一八五〇年代には共和党が発足して、今日まで続く民主・共和の二大政党制となったのである。

第3章では、一八六〇年代の南北戦争の後、一九二九年からの大恐慌に対応がなされたニューディール期までの約七〇年間を考察する。この時期には、工業化や市場の全国化によって経済が発展した一方で所得格差が拡大し、多様化する人種・民族間の関係も緊張した。こうした社会の現代化に政党政治がどう対応していったのかを、二大政党だけでなくそれらに挑戦した第三党にも目を向けて検討し、大恐慌を契機に民主党を多数派とする政党制が生み出されるまでを描く。

第4章では、第二次世界大戦後から一九七〇年代までを扱う。この時期には、国内の社会経済的な問題に大統領が主導権を握る形で連邦政府が積極的に対応する、現代政治の基本的な特徴が定着した。今日に連なるリベラリズムに基づく諸政策を掲げてそれを先導した民主党が多数派を占めたが、一九六〇年代以降それに反対する勢力が保守派として共和党に結集し、巻き返しを図ったのが二大政党の分極化につながる。

第5章では、二大政党のイデオロギー的分極化に特徴づけられる、一九八〇年代からオバマ政権期までを扱う。分極化がエスカレートしていった過程を説明したうえで、二大政党間の激しい対立と政策過程の停滞が、分極化に加えて全国規模での二大政党の拮抗状況および、政策決定に単純過半数以上の特別多数の賛成を要する政治制度の組み合わせによって引き起こされていることを明らかにする。

終章では、本論の考察を振り返ったうえで、トランプ政権以降のアメリカ政党政治を展望する。

第1章 反政党の時代——アメリカ革命〜一八二〇年代

1 党派対立の原点——合衆国憲法制定をめぐって

イギリスの植民地からの建国

今日のアメリカでは、政党間の競争が政治のあるべき姿だという認識が浸透している。大統領選挙の年には、学校の社会科の授業で模擬投票を行うのが恒例となっている。しかし、一八世紀後半の建国時には事情はまったく異なっていた。当時支配的だった共和主義では、政党を含む党派は共同体全体の利益を顧みない私利私欲にまみれた集団と捉えられ、忌避されていたのである。

合衆国憲法を軸にしたアメリカの政治制度も、この考え方を基に作られ、今日までその中身は大筋で変わっていない。それでもイギリスからの独立後、国家の形を整えていくなかで二つの党派が登場し、相争うようになっていく。

一六世紀から南北アメリカ大陸に進出を始めたフランスやスペインなどに遅れ、一七世紀初めに北アメリカ大陸で本格的に植民を開始したイギリスは、一八世紀前半までに大西洋岸を南北に走る一三の植民地を生み出した。それらは、国王から勅許を得た領主や会社などによって設立され、それぞれ独自の方針で運営された。

植民地のなかには信教の自由が保障されたところもあり、多様な出自と文化的な背景を持つ人々の移住が進んだ。植民地人の選挙で選出される植民地議会を中心に、自治が行われた。参政権は基本的に白人男性に限られ、土地を持つことなどの要件が置かれることもあったが、それを満たすのはそれほど難しくなかった。ただし、当時は年長者や名望家への恭順《きょうじゅん》の姿勢も見られたものの、政治的判断は個々人が行うものという意識が強く、安定した党派が作られることはまれであった。

本国から大西洋を挟んだ五〇〇〇キロという距離もあって、ヨーロッパ各地からやってきた移民は新世界の自由な雰囲気を謳歌した。しかし一八世紀に入る頃から、イギリス本国は植民地を国王の直轄領に切りかえるなど介入を強めていく。

一七六三年にフランスとの七年戦争に勝利し、大西洋の覇権を確立すると、本国議会は植民地の防衛のため、といった理由で同意を得ずに税を課すなど、植民地人から見て専制的な統治を行うようになった。一七世紀の大内乱（清教徒革命）と名誉革命を経て議会主権が確立し、ヨーロッパで人々の自由が最も尊重されていたはずのイギリスが専制に陥ったという反発が、一七七五年からの独立戦争と翌年の独立宣言へとつながっていく。

このアメリカ革命によって、一三植民地はそれぞれが独立国（後の連邦制下の州と区別して「邦」と呼ばれる）となり、君主を戴かない共和制へと移行した。これら一三邦は、一七八一年に成立した条約である連合規約に基づき国家連合（名称は今日と同じ"The United States of America"）を組織した。一七八三年には、イギリスとの和平が成立する。

ところが、国家連合の中核となる、諸邦の代表で構成される連合会議は、徴税権や通商の規制権を持たないなど、諸邦の内外の混乱を収拾する力を欠いた。そのため、連合の枠組みの見直しが唱えられるようになる。こうして一七八七年五月に、ペンシルヴェニア邦のフィラデルフィアに諸邦代表者の会議が招集された。

その議長には、独立戦争時の大陸軍（植民地軍）総司令官でアメリカ人の尊敬を一身に集めていたジョージ・ワシントンが選ばれる。連合規約の修正案を議論するはずのこの会議は、早々にその目標を新たな連邦制国家を生み出す憲法典の起草に切りかえた。そのうえで一夏かけて、連邦政府と連邦制の基本的な制度枠組みを定めていく。

徴税、外交、州をまたぐ経済活動の規制などの権限を与えられた連邦政府について、二院制の連邦議会、大統領、そして合衆国最高裁を頂点とする司法府の三権とその選出方法、また連邦と州の関係などの条項が検討された。そのためこの会議は、憲法制定会議と呼ばれる。

憲法制定会議の対立の構図

憲法制定会議では、大規模邦と小規模邦、奴隷制のある邦とない邦などの間でさまざまな対立が生じた。なかでも、連邦政府の役割を含む新国家のあり方に関する二つの考え方の衝突が重要な意味を持った。

一つは、連邦政府を新国家の中核と位置づけ、各州の自律性を損なわない限りでなるべく大きな役割を与えようとする考え方である。当時のアメリカは、ヨーロッパ世界の辺境にあり、軍事力でも経済力でも列強に劣っていたうえ、イギリスやスペインの植民地に囲まれていた。この環境下でアメリカが存続し、ヨーロッパの列強に伍していけるようにするには、連邦政府が全国を束ね、商工業の振興など国力を伸ばすための施策を推し進める必要があると見られたのである。

この考えは、連邦政府は強大であるべきで、単一国家の中央政府並みの強大な権限を与えようという発想につながる。憲法制定会議で検討された主要な草案の一つに、ヴァジニア邦のジェイムズ・マディソンの起草した「ヴァジニア案」があったが、そこでは各州の議会が行った立法に対する連邦議会の拒否権まで盛り込まれていた。連邦政府に大きな役割を与えようとする人々は、諸州の連邦への統合を推進すべきだという意味で、連邦派（フェデラリスツ）を自称するようになる。

憲法制定会議　「合衆国憲法への署名」ハワード・クリスティ画，1940年

もう一つの考え方は、州やその下の地方ごとの政治を重視し、連邦政府の権力をなるべく抑制しようとするものであった。その根底には、規模の大きな共和制国家への懐疑心があった。古典古代以来、市民が自治を行う共和制（民主制）は、共同体内に一体感や利害の同質性がある都市国家位の小規模でなければ維持できないと考えられていたためである。

この立場をとる人々からすると、各邦でも共和制には大きすぎるほどであった。まして市民から遠い存在の連邦政府に大きな権限を与えたのでは、人々の利益を無視した専制に陥る恐れが高まると考えた。彼らは、ヨーロッパ列強との競争以前に共和制の存続を重視して、州以下の政府に極力多くの権限を留保すべきだと主張する。

連邦政府の役割に関する対照的な二つの考え方は、それぞれアメリカのとるべき針路について重要な問題意識に基づいていた。ただし、両者の違いは邦の利害ともつながっていた。有力な連邦派の多くがニューヨークやヴァジニアといった、連邦政府が政治の中心になっても存在感を発揮しうる大規模な邦を代表していたのに対して、反対派にはそれによって埋没しかねない小さな邦の代表が多く含まれていたのである。

憲法制定会議の参加者の間では、連合規約下の意思決定機関である連合会議では政府の仕組みとしても権限の面でも不十分だという認識が共有されていた。だが、連邦政府がどの程度の役割を果たすべきかについての考え方は多様であった。利害と理念が入り交じることで、両者の対立は激しくなっていく。

合衆国憲法案の批准をめぐる対立

連邦派は、自分たちへの反対派を反連邦派と呼んで、彼らが連邦の創設自体に反対しているかのような印象を与えようとした。連邦派とその反対派の対立は、憲法の批准成立後は連邦政府内に引き継がれ、アメリカで最初の党派対立となっていく。

多様な理念と利害が交錯した結果として、起草された合衆国憲法案は特定の一貫した考えに基づくのでなく、さまざまな考えの妥協の産物となった。とはいえ、連邦派のマディソンが議論を主導したことに示されるように、総じて連邦派の重視する強い連邦政府が実現した。反対派からは、憲法案への署名を拒む代議員も出たのである。

連邦派と反対派の対立は、憲法制定会議が一七八七年九月に終了すると各邦に波及していく。連合規約と異なり、合衆国憲法の下では連邦政府が諸邦でなく主権者である国民を代表するため、各邦の政府でなく国民によって批准の可否が決定されることになった。多くの邦では、選挙で選出された代議員らによる憲法批准の会議が開かれて、憲法案の妥当性が議論された。そこでは、憲法制定会議での対立が再現されることとなる。

合衆国憲法案は、成立に一三邦すべての批准を要した連合規約と違い、九邦が批准すれば批准した邦の間で発効することになっていた。それは、少数の邦が批准を拒否して憲法案の成立が妨げられる事態を防ぐねらいに加え、連邦が成立すれば残りの邦も仲間外れを恐れて加入するという期待からであった。各邦で批准会議が開かれるなか、憲法案推進派の課題は、連邦政府に大きな権限を与えても専制に陥らないことを、憲法案に不審の目を向ける人々に説得的に示すことであった。

批准のための会議で、連邦派に反対する勢力を中心に最も強く批判されたのが、合衆国憲法案に権利章典が含まれていないことであった。当時の諸邦の憲法典では、信教の自由や表現の自由など、政府が人々に保障すべき権利を列挙する諸規定が権利章典と呼ばれ、議会などの政治制度の規定よりも前に置かれることが多かった。

合衆国憲法案に権利章典を盛り込まなかったのは、連邦派の判断であった。連邦政府は憲法案に具体的に列挙された権限しか持たないとされたため、権利章典は不要なばかりか、置いてしまうと禁じられていない権限を行使できると誤解されかねない、というのがその理由であった。しかし、それでは権利保障が不十分だと批判が噴出したのである。

その結果、権利章典が加わればという条件付きで批准を行う邦が相次ぎ、憲法典の成立後の追加が既定路線となる。権利章典は、一七八九年からの最初の連邦議会で表現の自由や州の権利保障などが憲法修正として発議され、そのうち一〇の条項が成立することとなる。

連邦政府が人々の利益を顧みなくなり専制化することは、それだけ強く恐れられていた。共和制はそれまで国家のような大規模で試されたこともなく、デマゴーグの煽動にも弱い政治体制と考えられていたため、これは無理もなかった。

共和制と政党政治の緊張関係

ここで共和制が脆弱《ぜいじゃく》とされたのは、自由主義と並んでアメリカ革命の思想的基盤となった共和主義の下で、政治の目的が共通善、つまり共同体全体の利益の実現にあるとされたためである。市民の自治の下で、共通善の実現には二つの困難があると見られていた。

第一に、統治者が共通善でなく私利私欲に基づく専制的な支配を行う恐れがある。第二に、一つしかない共通善の中身は理性と徳を併せ持つ者にしか把握できないと考えられたが、市民全員に高度な知性を身に付けさせるのは無理がある。

合衆国憲法案の起草者たちも、これらの問題を意識していた。憲法案では、連邦下院議員こそ民選とされたものの、連邦上院議員と大統領はいずれも間接選挙とされた。それは、すでに一度人々に選ばれた、より優れた者による選挙のほうが、共通善を見出せる人物を選出しやすいと期待されたからである。連邦政府が対等な三権に分けられたのも、一つには私利私欲に走る勢力が現れたとしても政府全体を支配することが難しくなるからであった。

しかし、いくら連邦政府の構成や選出方法を工夫したとしても、連邦全体の共通善が実現する保証はない。すでに憲法典のあり方をめぐって党派対立が生じていたが、これ自体共通善の考え方と相容れなかった。共通善は一つしかない以上、複数の党派が登場した場合、その一部あるいはすべてが共通善でなく私利私欲に基づいたもののはずだからである。つまり、共和主義の下では複数政党による政治は考えられない。この時期にはまだ、政治は個々人で考えるべきものという植民地時代からの考え方も根強かった。

では、合衆国憲法案を採用したとして、共和制を維持できる余地はあるのだろうか。この点に明快な答えを出したのが、憲法制定会議を主導したマディソンであった。

2　始動する党派政治——連邦派と共和派の争い

政党政治と共和制の両立可能性

合衆国憲法案の批准で最も注目された邦は、ニューヨークであった。北アメリカ経済の中心地であるニューヨーク市を擁した一方で、連邦派への反対派が大きな勢力を持っていたからである。

連邦派の代表格で、憲法制定会議にニューヨーク邦から派遣されていたアレクザンダー・ハミルトンは、マディソンおよびのちに最高裁の初代首席裁判官となるジョン・ジェイとともに、合衆国憲法案の批准がなぜ望ましいかを論じた論説を新聞に連載した。「プブリウス」というペンネームで一七八七年一〇月からの七七回にわたった連載は、八つの論説を加え『ザ・フェデラリスト』という題の書籍として翌一七八八年に公刊された。

同書は、単に憲法案を礼賛したものではない。古典古代からの政治理論や独立後の諸邦の経験も踏まえてその利点を論じた、理論的な論文集である。今日でも西洋政治思想上の古典とされ、合衆国憲法の解釈にあたって頻繁に参照される。

『ザ・フェデラリスト』で最もよく知られているのは、マディソンが執筆したとされる連載第一〇回目の論説である。彼はそこで、それまでの常識に反して、共和主義的に考えても広大な領域にまたがる代議制民主主義のほうが小規模な直接民主政よりも望ましいと主張して、合衆国憲法案を擁護している。

マディソンによれば、「他の市民の権利や共同体の恒久的・集合的利益と敵対する」徒党(faction)の存在は望ましくないが、徒党を組むことは人間の本性の一部であり、自由な社会ではその登場が避けられない。歴史上の民主政の多くが多数派の徒党の専横によって崩壊してきたことを踏まえれば、徒党の影響の抑制こそが肝要だと述べる。そして、憲法案に基づく大規模な代議制であれば、特定の徒党が全国展開して連邦と州のすべての政府機関を掌握するのは難しいので、むしろ政治が安定すると主張する。

J・マディソン

マディソンの考えでは、複数の徒党を競争させれば互いの悪影響が打ち消され、共和制が存続しやすくなる。ここで提示された政治観は、多様な利害を代表する多数の集団を共通の公正なルールの下で競争させ、その帰結は何であれ正当なものとして受け入れるという、現代の多元主義の考え方に通じると評価されている。

合衆国憲法の下で、党派間の競争が共和制と両立し得ることを理論的に示した思想史上の功績は、きわめて大きい。ただし、共和主義の枠内で展開されたマディソンの議論は、党派の存在を積極的に受け入れるものではなく、必要悪としか見ていなかった。また実際に、連邦派とその反対派のいがみ合いは続いたのである。

しかし、大半の邦では連邦派が優勢であり、権利章典の追加を条件とするといった妥協もあって、憲法案の批准は進んでいく。

一七八八年六月に、ニューハンプシャが批准を終えた九番目の邦となって、合衆国憲法が成立する。これによって、アメリカ合衆国は独立した諸邦からなる国家連合から、国民の持つ主権を連邦と諸州が分け合う連邦国家へと体制を移行したのである。

連邦派と共和派の対立へ

合衆国憲法の成立後、各州で順次大統領選挙人と連邦議会議員の選出が行われていった。そのうえで大統領には、下馬評通りジョージ・ワシントンが選挙人の満票を得て当選する。一七八九年三月四日に、暫定首都とされたニューヨーク市で連邦政府が発足し、ワシントンも四月三〇日に大統領に就任した。

ワシントンはどちらの党派にも与《くみ》していなかったが、政策的には連邦派に共感していた。国力増強に向けて新体制の財政的基盤を構築させるべく、彼は財務長官に独立戦争時の右腕でもあったハミルトンを任命する。連邦議会でも当初連邦派が多数派を占めたが、ワシントンは党派間の融和を図るべく、主に外交を司る国務長官に、同郷のヴァジニア出身で連邦派に反対する勢力の指導的存在であったトマス・ジェファソンを充てる。

しかし、両党派を和解させようとするワシントンの目論見《もくろみ》は外れた。二つの勢力は、相手方が共和制を崩壊させようとしていると見て、互いの存在を受け入れようとしなかった。この時期の連邦政府は、当初連邦議会議員が上下両院合わせて一〇〇名に満たず、革命時からの指導者が多く要職を占めたことから、ワシントンの支持を奪い合うエリートたちのいわば宮廷政治の様相を呈した。党派対立が人格的なそれと重なり、連邦政府内の政治は陰惨なものとなる。

A・ハミルトン

T・ジェファソン

ジェファソンを中心とした勢力もまとまりを強め、民主共和派（デモクラティック・リパブリカンズ）あるいは単に共和派と呼ばれるようになる。一七九〇年に首都はフィラデルフィアに移ったが、そこで両党派はそれぞれの主張を代弁する新聞を発刊して論戦を繰り広げた。

連邦派は商業化の進んだ北東部、共和派はプランテーション農業が中心の南部の諸州で強く、ニューヨーク州やペンシルヴェニア州など大西洋岸の中部地域を分け合う形となる。連邦議会での議員たちの投票行動にも、党派による違いが見られるようになっていく。

しかし、これらの党派の指導者たちも、政治的な個人主義を重視し党派の存在を嫌悪した。一七八九年、ジェファソンはある手紙のなかで「政党（party）と一緒でなければいけないというのなら、自分は天国に行くつもりはない」と述べたが、それは連邦派も同じであった。

一九世紀初頭までの連邦派と共和派の対立は、第一次政党制と呼ばれてきたが、このように両党派が党派自体を忌避したため、今日では本格的な政党制とはいえないと考えられている。本書もこの立場から、連邦「派」、共和「派」という表現を用いている。

連邦派政権下の党派対立

ハミルトンは財務長官として、中央銀行としての（第一）合衆国銀行の立ち上げなど、アメリカの経済発展のために連邦政府を積極的に活用する政策を推し進めた。共和派は、それらが連邦政府の憲法上の権限を逸脱するとして非難した。

またこの時期の党派対立は、経済発展を重視する連邦派が、貿易額が大きく産業革命の始まったイギリスとの提携を強めようとしたのに対し、共和派が革命を経験したばかりのフランスと共和制同士の関係強化を重視したというように、外交上の対立とも対応していた。ハミルトンとジェファソンを軸とするこの時期の党派対立は、二〇一五年初演の人気ブロードウェイ・ミュージカル『ハミルトン』でも描かれている。

ワシントンは、一七九二年に再度選挙人の満票を得て再選された。ジェファソンは政権の一員としての立場上、連邦派の政策方針に表立った反対を控えてきた。しかし、結局耐えきれず、にまた自由に政治活動を行うためにも、一七九三年末に国務長官を辞職する。

一七九六年、二期での退任を決めたワシントンは、国民への「告別の辞」で、党派対立は共和制を脅《おびや》かすとして融和を訴えた。彼は、この状況が他国に利用されるおそれも指摘していた。とくに、当時戦争状態にあったイギリスとフランスがアメリカを引き裂いてしまうことを危惧したのである。しかし、この忠告は聞き入れられなかった。

同年に実施された大統領選挙は、初めて複数の党派によって争われた。ところが、合衆国憲法の起草時に政党の存在が想定されていなかったことが意外な結果をもたらす。当時の規定では、正副大統領選挙が分けられておらず、各二票を持つ大統領選挙人がそれらを異なる候補者に投じ、最多得票者が大統領、次点が副大統領になるとしていた。選挙の結果、ワシントン政権の副大統領で連邦派のジョン・アダムズが大統領、共和派のジェファソンが副大統領になるという、呉越同舟の政権が誕生したのである。

副大統領となったジェファソンは、国務長官時代と同様に政権批判を控えた。それでも、ワシントンというとりなし役を失った後、両党派の関係はさらに悪化する。

一七九八年の外国人法・治安法をめぐる対立は、その最たるものである。イギリスに接近していく連邦派は、アメリカ国内でフランス人や国内の親仏派が反英・親仏的な煽動活動を行ったとして、国内秩序を脅かすような外国人の強制退去や政府批判の言動を取り締まる一連の立法を行った。これには、人権侵害だと批判が拡がる。

ジェファソンと、ハミルトンの経済政策への反発から共和派に転じていたマディソンは、この外国人法・治安法が州の権限を蔑《ないがし》ろにしており違憲だとする匿名の抗議文書を作成した。これらはそれぞれ共和派の強いケンタッキー州とヴァジニア州の議会で決議として採択されて話題となり、両党派の対決姿勢がいよいよ明確となる。

「一八〇〇年の革命」——共和派への政権交代

こうした党派間の緊張が頂点に達したのが、一八〇〇年の大統領選挙である。この間共和派の組織化が進み、親共和派の新聞も多数発刊された。連邦派による外国人法・治安法などの横暴や、対仏戦争もにらんだ増税や軍拡への批判を背景に、共和派が多数党派になることが確実視されるようになる。

この選挙で、両党派は再びアダムズとジェファソンを擁立したが、投票の結果、四年前に続き予想外の事態が起きた。ジェファソンと共和派の副大統領候補であるアーロン・バーがともに一位になったのである。憲法の規定に従い、連邦議会下院で各州の議員団ごとに一票を投じる決選投票が行われることとなったが、改選前の下院は連邦派が多数派だった。そのため、二人の共和派候補から次期大統領を選ぶ役割は皮肉にも連邦派に託されることとなる。

下院では、連邦派の間でも意見が割れ、投票は三六回に及んだ。最終的には、ハミルトンが「より危険でない人物」としてジェファソンを推し、一八〇一年二月にジェファソンが大統領に、バーが副大統領になることが確定する。

アメリカ史上初めてのこの政権交代を、ジェファソンは「一八〇〇年の革命」と呼んで評価した。党派の存在が受け入れられていない状況で平和裏の政権交代が実現したことは、政治体制の安定化と党派対立の制度化の二つの面で、計り知れない意義を持つ。

この大統領選挙での混乱を教訓に、一八〇四年に大統領と副大統領を別々に選出する合衆国憲法第一二修正が成立した。これは、党派対立が憲法典に埋め込まれる形で公式に制度化された初めての事例となる。

政権交代を前に、アダムズは連邦派の影響力を少しでも長引かせるべく、大統領としての最後の晩まで、任期の定めのない裁判官の職に連邦派を任命していく。他方でジェファソンは、前年に首都がワシントンに移って初めて行われた一八〇一年三月の大統領就任演説で、「我々は皆共和派です。我々は皆連邦派なのです」と述べて、党派間の和解を訴えた(ただし、「我々は皆共和主義者です。我々は皆連邦主義者なのです」と言ったとも解釈できる)。しかし、彼も就任後は主要な官職を共和派の人材で固めていくこととなる。

連邦派の凋落

もっとも、この政権交代によってアメリカに競争的な二大政党制が生み出されたわけではなかった。これ以降、少数派に転落した連邦派が徐々に衰退していったからである。

革命を契機に国民の間では平等意識が高まり、信仰や財産に基づく投票権の制限や、大統領選挙人の州議会による選出といった非民主的な制度への反対が強まりつつあった。そのため、フィラデルフィアやニューヨークのような都市で、民主化の推進を目指す民主共和協会が発足し、多くの会員を集めていた。

このような雰囲気のなかで、連邦政府の主導による経済振興を図った連邦派は、政財界のエリートを重視して市民を顧みない勢力と認識された。とくに外国人法・治安法は、人々の異議申し立てを封じる専制的な政策と捉えられた。また連邦派は、不運にも見舞われる。一八〇四年、ハミルトンが長年の政敵であったアーロン・バーを中傷する発言をしたことを発端に両者は決闘し、まだ四〇代のハミルトンが死亡したのである。連邦派はその支柱を失った。

落ち目の連邦派を政治家たちも見限っていく。ジョン・アダムズの息子ジョン・クィンジー・アダムズが一八〇七年に共和派に転じたのは、連邦派の凋落を象徴していた。

それに追い討ちをかけたのが、共和派の路線転換であった。ジェファソン政権以降、共和派の大統領と連邦議会は、それまでの州・地方政府重視の姿勢から一転して、連邦政府に大きな役割を認める政策も容認するようになっていく。

その代表的なものが、一八〇三年に実現したフランスからのルイジアナ（現ルイジアナ州を含み、そこから北西にカナダとの境界まで及ぶ領域）の購入である。これで領土がほぼ倍増し、フランスの脅威も弱まることになる。ただし、これを主導したジェファソンには、大統領にそのような権限はないとして共和派内部からの反発もあった。

共和派はこれ以降、アメリカの経済発展のためにそれまでよりも積極的に連邦政府を活用していく。州などが行う運河や幹線道路といったインフラの整備（内陸開発と呼ばれた）に助成金を出すだけでなく、連邦軍の工兵隊が実際の工事にあたることもあった。またジェファソンやマディソンが設置時に反対した合衆国銀行は、一八一一年に免許の失効により廃止された。ところが、その後一八一六年に共和派の幅広い支持を得て第二合衆国銀行が設立され、中央銀行としての役割を担うようになる。

こうした一連の政策は、皮肉にも連邦派政権に任命された裁判官がまだ多数在籍する司法府に合憲とされていく。そして、連邦派の没落を決定的にしたのが、一八一二年に海上紛争をきっかけに生じた対英戦争である。

戦争が経済に悪影響を及ぼしているのを受けて、連邦派の強かった北東部の諸州の代表はコネティカット州のハートフォードで会議を開き、一八一五年一月に早期の停戦を求め、連邦からの離脱も示唆する決議を行った。ところが、その前年末にはベルギーのガンで講和条約が締結されており、連邦派は裏切り者としてさらに評判を下げたのである。

結局、連邦派にとって一八一六年が選挙人の票を獲得した最後の大統領選挙となった。アメリカ初の本格的な党派対立は、初期の多数党派の衰退とともに緩やかに消滅していく。

3　共和派の一党支配――「好感情の時代」の内部対立

原初的な第二次政党制

一九世紀に入り連邦派が全国規模では競争相手でなくなると、共和派は一八二〇年代半ばまで大統領と連邦議会の多数派を独占し続ける。とくに大統領は、ジェファソン、マディソン、そしてジェイムズ・モンローと、共和派の重要拠点であるヴァジニア出身の指導者が二期ずつ務め、「ヴァジニア王朝」ともいわれた。

先述のように、マディソンは『ザ・フェデラリスト』のなかで、広大なアメリカでは特定の党派が全国で多数派となって政府全体を支配するのは困難だと述べていたが、それがほぼ実現していたことになる。ただし、この時期の共和派は二つの意味で、全国規模でまとまっていたとはいえない。

第一に、党の組織化が徹底していなかった。連邦派と共和派の対立は、基本的に連邦政府内のものであった。正副大統領候補の決定も、連邦議会の党所属議員の総会（コーカスという）で行われるというように、党派対立といってもエリート内のそれにとどまったのである。

選挙を戦う必要上、この党派対立は全国に波及していったが、各州内で一般の有権者まで対象にした組織化はそれほど進まなかった。当時は、白人男子についても投票権の制限が一部残っており、共和派のエリートの間でも民主化への懸念が消えたわけではなかった。民主共和協会の後押しがあっても、その支援を積極的に受けようとはしなかったのである。

また連邦派と共和派が活動したのは連邦レベルが中心だったため、州や地方レベルの選挙では党派対立の図式が異なることも珍しくなかった。連邦レベルの政治は、距離的にも心理的にも多くの人々にとって遠い存在であった。それは、一八二〇年代まで連邦よりも州レベルの選挙の投票率が全体に高かったことからもうかがえる。

政治対立の変化

第二に、この時期の共和派は団結していたとも言いがたい。連邦派との党派対立に代わり、内部の派閥対立が激しくなっていた。地域によって経済的利害は異なり、民主化への考え方も一様でなかった。政治家が革命の指導者から新しい世代に交代していったことも、党内の権力の構図を複雑にしていった。

その転換点となったのが、先に触れた「一八一二年の戦争（米英戦争）」である。ナポレオン戦争時、アメリカはイギリスとフランスに通商を妨害されてきたが、両者の外交戦に踊らされる形でイギリスに宣戦布告した。

アメリカは一八〇七年から〇九年にかけてすべての外国との禁輸措置をとっていたこともあり、イギリスから輸入していた物品を自力で調達する必要に迫られていた。そのため、この戦争を経て国内でナショナリズムが高まり、連邦議会でも南部のジョン・カルフーン、新興の西部からヘンリー・クレイ、そして北東部の連邦派からもダニエル・ウェブスターといった新しい指導者が登場する。

彼らはいずれも、国力の増進に連邦政府を積極的に活用すべきだと正面から主張した。高関税やインフラ整備などを通じて商工業の発展を目指す方針は、「アメリカン・システム」と呼ばれるようになる。

あるジャーナリストは一八一七年に、共和派の一党支配によってそれまでの陰惨な党派対立が消滅して「好感情の時代」が訪れたと述べた。しかし、一八二〇年代に入る頃には、党内のさまざまな亀裂が目に見えて大きくなっていた。

西部開拓が進むなかで、奴隷制をめぐる以前からの南北対立が、新しい州に奴隷制の採用を認めるかについて顕在化していく。一八一九年からは深刻な恐慌が起こり、連邦政府や第二合衆国銀行が経済の安定や発展にいかなる役割を果たすべきかに関する論争も再燃する。フィラデルフィアやニューヨークでは、労働者の組織した政党が選挙に候補者を出すようになった。

さらに各州で民主化への圧力から、普通選挙が広まっていく。ただし、その過程で有権者が「白人男子」とされ、地域によっては投票できていた白人女性や黒人（アフリカ系アメリカ人）が排除される結果となった。大統領選挙人の選出についても、一八一二年にはまだ半数の州で州議会が行っていたが、一八二四年には四分の一にあたる六州まで減少した。

これらの変化により、一般有権者に人気があればエリートに支持されなくとも大統領選挙に勝てる可能性が生まれた。こうした背景から、モンローの後任を決める一八二四年の大統領選挙は新たな党派対立が登場する転機となる。

転換点としての一八二四年の大統領選挙

「ヴァジニア王朝」の継承者であったマディソンとモンローは、いずれも前政権の国務長官を務めており、その慣例に従えばモンロー政権のジョン・クィンジー・アダムズ国務長官が共和派の候補者になるはずであった。ところが、大統領候補を決める連邦議会内の共和派議員総会は、ウィリアム・クロフォード財務長官を選出する。

しかし、この頃には議員総会による意思決定自体がエリート主義的だと批判されるようになっていた。この議員総会の出席者も、連邦政府の役割を強化しようとする新世代に反発する守旧派の議員ばかりであった。

この決定を受けて、北東部からはアダムズ、西部からクレイ、そして南部からカルフーンがそれぞれ候補に名乗りを上げる（ただしカルフーンは後に副大統領選挙に鞍替えして当選する）。また民主化を訴える勢力は、これら有力者がいずれも一般市民から遊離しているとして、南部テネシー州のアンドルー・ジャクソン上院議員を担ぎ出した。ジャクソンは、一八一二年の戦争におけるニューオーリンズの戦いで、イギリス軍に対して劣勢をはねのけて圧勝を収め、国民的英雄となっていた。

共和派内からの相次ぐ候補者の登場は、連邦政府が発足して四〇年弱の間に、党派対立をよしとしない共和主義の影響が弱まっていたことを示している。またアダムズという共和派の仇敵《きゅうてき》の子息が党内で中核的な地位を占めていた点に、当時の共和派がいかに幅広い勢力から構成されていたかが表れていた。

選挙戦は、アダムズとジャクソンの一騎打ちの様相を呈した。アダムズは共和派に転じていたものの、連邦政府が経済発展に積極的な役割を果たすことを目指す点で、連邦派の考えを引き継いでいた。

革命指導者を父に持ち、ワシントン政権期に二〇代の若さで駐オランダ公使に任命されるなどエリート街道を歩んだアダムズに対し、ジャクソンは自ら従軍した独立戦争までに肉親すべてをなくし、職を転々としながら法曹資格を得、その後政界に転じた苦労人であった。さらに一八一二年の戦争での功績で全国的な名声を博し、その頑健さからつけられた「オールド・ヒッコリー」の異名とともに庶民の英雄となっていた。

その対照的な経歴から、この二人は選挙の戦い方も正反対であった。アダムズ陣営は、共和派のエリートのネットワークを徹底的に活用して選挙を戦った。対するジャクソン支持派は、ジャクソンを特定の地域や派閥とのしがらみのない、国民全体の代表として売り込んだ。

特定の政策をアピールするよりも、中道的な姿勢を強調して、各地で地元の最有力候補に反対する勢力の取り込みを図ったのである。

大統領選挙人の選出の結果、アダムズは北東部、ジャクソンは南部でそれぞれ勝利する。一方、クロフォードとクレイもそれぞれの地元を含む一部の州を制した。ジャクソンは、一般投票での得票率でも選挙人の獲得数でもアダムズを上回って首位に立った。だが、選挙人の過半数を獲得できず、結果の確定は一八〇〇年と同様に連邦議会下院での決選投票に持ち越された。その結果、アダムズが逆転で大統領に当選する。

しかし、これには二つの点で批判が上がった。

第一に、アダムズの勝利した経緯が問題視された。決選投票は上位三名で争われるため、四位のクレイは対象外となった。彼は、同じく連邦政府の役割を重視するアダムズとの間で、自らの支持勢力を振り向ける代わりに政権で厚遇を受けるという暗黙の約束を取り付けた。そのうえで下院議長としての影響力も発揮して、アダムズを当選に導いたのである。アダムズ政権の発足後、クレイは希望通り国務長官に収まった。この「汚い取引」は私利私欲に基づいたものとして、共和主義的な観点から非難される。

第二に、一般投票で最多得票を得たジャクソンの支持者たちは、この結果が民意に反するという不満を表明した。それまでの、徳と理性を持つ「自然の貴族」が主導すべきだという共和主義的な政治観と異なる、民主主義の多数決主義的な見方に立つようになっていたのである。これ以降、この見方は党派を超えて広まっていくことになる。

ジャクソン支持派の発展

多くの批判を受けたアダムズ政権は、発足当初から困難にさらされた。とくに、一八一九年からの恐慌の爪痕が残るなかで天文台の建設を含む多くの内陸開発案を打ち出したことは、政財界の一部エリートが結託して権力を弄《もてあそ》んでいる印象を与えた。この不評が、次の大統領選挙に向けて全国規模で組織化を開始したジャクソン支持派の後押しになったのはいうまでもない。

とはいえ、ジャクソン支持派が、アダムズとその支持勢力を負かすのは容易でなかった。アダムズらはこの頃民主共和派に対して「全国共和派（ナショナル・リパブリカンズ）」あるいは単に「全国派（ナショナルズ）」と呼ばれる一大勢力になっていた。

ジャクソンは大衆的人気を誇ったものの、それだけで各地の政治家がついてくるわけではなかった。かといって、ジャクソン支持派は一貫した政策案を掲げればよいというものでもなかった。そもそもジャクソンはさまざまな争点について明確な考えを持っておらず、また具体的な方針を表明すれば、それに賛同できない勢力を遠ざけるおそれがあった。地域によって政策的立場も政策間の優先順位も大きく異なるこの時代に、独自の政策方針を打ち出すのは必ずしも賢明でなかった。

そのため、ジャクソン支持派による組織化は、クロフォード派など多様な反全国派の諸勢力を地域を超えてつなぎ合わせていく形をとった。そこで指導的な役割を果したのが、マーティン・ヴァン・ビューレンである。彼はニューヨーク州の叩き上げの政治家で、州内の共和派の派閥抗争を勝ち抜くため、州都の名前からオルバニー・リージェンシーと呼ばれる緊密な政治組織を立ち上げた経験があった。

一八二四年の選挙ではクロフォードを支援したヴァン・ビューレンは、その後ジャクソン側に回り、「小さな魔術師」の異名をとった政治手腕を発揮する。一八二八年までに、大統領選挙人を州議会で選出する州が二州まで減ったのも、ジャクソン支持派の追い風となった。

一八二八年の大統領選挙では、ジャクソンがアダムズの再選を阻んで圧勝する。それは、ジャクソン支持派が打倒アダムズを唯一の目標に、多様な利害と考えを持つ勢力を地域横断的に組織することに成功した結果であった。これ以降、ジャクソン派の組織はさらに拡大し、それは我々が今日民主党として知る大政党へと成長していく。

第2章 政党政治の本格化――ジャクソン政権期～再建期

1 全国規模の二大政党制へ――民主党・ホイッグ党の登場

ジャクソン政権下の政治対立

アメリカ独立宣言の公表からちょうど半世紀後にあたる一八二六年七月四日、その起草に携わったジョン・アダムズとトマス・ジェファソンが相次いで死去した。党派の存在が容認されなかった時代に連邦派と共和派を代表して激しく争った二人は、晩年和解し、この日互いの容態を気にかけながら世を去った。

他方、現実政治では新たな党派対立が生まれつつあった。以後一八三〇年代にかけて、本格的な全国規模の二大政党制が現れることになる。フランスのアレクシ・ド・トクヴィルによるアメリカ論の古典『アメリカのデモクラシー』は、この時期のアメリカ訪問の経験も踏まえて書かれている。

本節で取り上げる一八四〇年代までの政治では、ジャクソンを軸に、一般有権者を巻き込んだ形で今日まで続くアメリカ政党政治の基礎が築かれ、「ジャクソニアン・デモクラシー」とも呼ばれてきた。またこれ以降一九世紀末までは、政党が政治を支配するばかりか人々の生活まで根を下ろす、「政党の時代」となる。

一八二八年の大統領選挙におけるジャクソンの勝利は、全国にネットワーク状に張りめぐらされた組織に支えられていた。これらは一八三〇年代にかけて、ジャクソン支持派の民主化志向を反映して「デモクラシー」または「民主党」と呼ばれるようになっていった。本書でも、ここからは民主党の呼称を用いる。

ちなみに、民主党のマスコットはこの当時からロバである。一八二八年の選挙時に、アダムズ陣営はジャクソンの名を「まぬけ・ロバ」を意味する「ジャッカス」にかけて罵《ののし》った。ジャクソン側がそれを逆手にとって、ロバの絵を選挙ポスターなどの宣伝で使うようになったのがその起源とされる。

この時点で、ジャクソンと民主党の政策的立場は明確でなかった。ジャクソン政権は、ジョン・クィンジー・アダムズ政権に続き、連邦政府の役割をめぐる国論を二分する争点に向き合っていく。とくに一八三二年には、政権の命運を左右し得る問題が二つ登場した。いわゆる「銀行戦争」と「無効危機」である。

第一の銀行戦争は、一八三二年初め、第二合衆国銀行が一八三六年が期限となる免許の更新を前倒しして申請したのが直接の発端であった。連邦議会を通過した更新法案に対して、かねて同行が北東部に偏在する資本家の利害に基づいてアメリカ経済を牛耳っていると批判していたジャクソンは、拒否権を行使する。

政財界のエリートによる支配への反対を鮮明にするなかで、ジャクソンは連邦政府の権限を抑制的に捉えていることを明らかにした。第二合衆国銀行は免許の失効後消滅し、以後アメリカは一九一三年に連邦準備制度が導入されるまで中央銀行不在の状況となる。

第二の「無効危機」は、関税をめぐるものであった。前アダムズ政権下の一八二八年に成立した関税法は、主に北東部で始まった軽工業を産業革命の進んだヨーロッパとの競争から保護するために高関税をとった。ヨーロッパ諸国は、報復して高関税を導入する。とくに南部では主に輸出用のプランテーション農業が盛んであり、その重要性から「キング・コットン」と呼ばれた綿花などの農産物が輸出しにくくなった。

一八三二年の立法でも高関税は残り、それへの報復関税を危惧した南部のサウスカロライナ州では、対応を検討すべく州民大会が開催された。そして、連邦法が州内で効力を持つにはその州の同意が必要だと主張して、新しい関税法に基づく関税の徴収を認めず、連邦政府の出方によっては連邦からの離脱も辞さないと決議したのである。

州の権利（州権）を極端に重視するこの「無効理論」に対して、ジャクソンは州権が尊重されるべきだとしつつも、連邦の一体性を脅かすことは認められないと訴えた。それを受けて、民主党が多数派の連邦議会でも、関税法の執行にあたり大統領に武力の行使も認める立法が翌年三月に成立する。ただし、関税を段階的に引き下げる妥協的な関税法が併せて制定され、サウスカロライナ州がこれを受け入れたため、このいわゆる「無効危機」は終息を見る。

ジャクソンは、「銀行戦争」では州権重視、「無効危機」では連邦重視と、一見して相反する立場をとった。しかし、この二つの事案を通じて、政財界のエリート支配を認めない愛国者というイメージを確立し、連邦政府の役割についての異なる立場を超えて幅広い人気を集めたのである。一八三二年の大統領選挙で、民主党は初めて全国党大会を開催し、ジャクソンを候補に指名する。彼はアダムズを引き継いだ全国派候補のヘンリー・クレイを相手に、一般投票で五四％の票を獲得し、全国の三分の二の州で勝利して再選を果たした。

ホイッグ党の登場

こうした展開を受けて、もはや全国派では民主党に勝てないとして、クレイなど反ジャクソン派の有力者を中心に結集の動きが始まる。一八三〇年代末までかけて全国の反ジャクソン派が糾合され、新しい大政党へと発展していく。

民主党がその名の通り民主主義を掲げて人々を動員したのに対して、反ジャクソン派は専制への抵抗という旧来の共和主義の論理を用いた。彼らはジャクソンが権力を濫用し専制を振るう暴君「アンドルー一世」だとして、自分たちをそれに抵抗する「ホイッグ」と呼んだ。ホイッグはイギリスで反王党派を指す言葉で、アメリカ革命時には植民地側を指して使われている。

「国王アンドルー１世」　1832年頃広まった作者不詳の風刺画．憲法と合衆国銀行を踏み，左手に「拒否権」を持っている

ホイッグたちは、ジャクソンによる第二合衆国銀行更新法案への拒否権発動をとくに問題視した。実際これは、重要法案への拒否権行使として初の事例と考えられている。またホイッグは、民主党を私利私欲にかられた徒党と位置づけ、自分たちこそ共通善を体現すると主張した。それによって全国派のエリート的なイ

メージを脱しようとしたのである。

こうして形成されていったホイッグ党の中核は旧全国派であったが、他の勢力も加わっていく。反メイソン党は、その代表例である。同党は、政財界のエリートを多く会員に持つ秘密結社フリーメイソンへの反対を掲げて一八二六年に発足した。一八三一年には、アメリカの政党として初めて全国党大会を開くなど勢力を伸ばしたが、その後大部分がホイッグ党に参加する。

もともとエリート的な全国派と反メイソン党が連携したことに表れているように、ホイッグ党で何らかの政策方針が共有されたわけではない。

次の一八三六年大統領選挙では、民主党がヴァン・ビューレン副大統領をジャクソンの後継に立てたのに対して、ホイッグ党は候補者の一本化に失敗した。一八二四年のように連邦議会下院での決選投票に持ち込むべく、候補を複数立てるという苦肉の策をとったものの、決選投票にはいたらず敗北する。

しかし、ホイッグ党はその後も組織化を進め、一八三九年に初の全国党大会を開催する。そこで先住民との戦争で活躍したウィリアム・ヘンリー・ハリソンを大統領候補に擁立した。翌年の選挙で、開拓間もない中西部で長く過ごしたハリソンを「丸太小屋とハード・サイダー〔リンゴ酒〕」をスローガンに庶民的なイメージで売り出すことで、全国派以来のエリート的という印象を克服し、ヴァン・ビューレンの再選を阻止したのである。

一八三〇年代を経て、民主党対ホイッグ党による本格的な二大政党制が成立した。この間に、ホイッグ党でも共和主義的な考え方が後退し、政党間の競争による民主政治が望ましいという考えが党派を超えて確立した。以後ホイッグ党が解体する一八五〇年代まで続くこの政党制は、第二次政党制と呼ばれる。

全国での組織化――第二次政党制下の政党の構造

第一次政党制が連邦政府内エリートによる党派対立だったのに対して、第二次政党制では一般の有権者を動員すべく全国的に政党が組織化されていく。この点で、政党の制度化が大きく進んだといえる。それは党の組織形態によく表れている。

第一次政党制では、党派としての決定が連邦・州議会内の議員総会で行われており、そのエリート性から反対派に「キング・コーカス（King Caucus）」と揶揄《やゆ》された。対して新しい第二次政党制では、一般の支持者を党内の権力の源泉とする党大会（party convention）が党の最重要の意思決定機関となり、制度として定着する。

この党大会制度の下では、地域共同体ごとの党大会が基礎となる。アメリカの州は郡と呼ばれる地方行政単位に分けられ、その下にタウンや区（プレシンクト）といった区分がある。

まずタウンなどで、党の支持者すべてが参加できる党大会（コーカスとも呼ばれる）という集会が開かれ、党の役員や地元で行われる選挙の候補者、そして郡レベルの党大会に派遣される代議員が選出される。

次に郡の党大会では、地域内を選挙区とする各種の公職の候補者が選出され、党の方針が綱領の形で決議される。また、州議会議員や連邦下院議員の候補を選ぶ党大会や州レベルの党大会に派遣される代議員が選出される。

さらに州の党大会では、知事など州全体を選挙区とする公職の候補者や州の党綱領などが決められる。そして四年に一度の大統領選挙の年には、各州の党大会から派遣された代議員により全国党大会が開かれ、全国党綱領と正副大統領候補が決定されたのである。

地元の党大会に一般の支持者が参加できるといっても、その主導権は党の指導者が握っていた。しかし、第一次政党制での議員総会による意思決定に比べれば、党の運営は大幅に民主化された。各レベルに置かれた党委員会が党の運営の中心であるが、全国党委員会は民主党で一八四八年、ホイッグ党で一八五二年まで発足せず、ここからもアメリカの政党が地域組織の連合体であったことがわかる。

ここで注意すべきは、タウンなどの党大会の参加者が地域内の一般の支持者だったことである。一九世紀前半には各地域共同体の規模がまだ小さく、党組織の最大の役割は有権者全員を支持政党も含めて把握することであった。正規の党員制度を設けるまでもなく、支持者であれば党の一員とみなされたのである。

党大会による候補者の決定は、二〇世紀初頭から直接予備選挙制度が導入されていくことで大きく変化する。しかし、完全に消滅したわけではない。たとえば、序章でも触れたように、アイオワ州などでは今日でも、州の党組織から全国党大会に派遣される代議員が支持する大統領候補の決定を、地域ごとの支持者集会（コーカス）で行っている。

第二次政党制では、各党内が民主化しただけでなく政党間対立の範囲も広がった。連邦政府内の対立が基本の第一次政党制では、州以下のレベルの選挙を連邦派や共和派以外の党派が戦うこともあった。第二次政党制以降は、二大政党が全国で、連邦から地方まで全レベルの選挙を戦うようになる。

一八三〇年代以降は、連邦レベルの選挙の投票率が州レベルの選挙のそれを上回るようになった。それは、連邦レベルの政治的対立を基礎とする二大政党の組織化と、それに基づく有権者の動員が徹底したためだといえる。

明確な政策的違いのない二大政党

ただし、二大政党間の競争は明確な政策対立に基づいていたわけではない。大まかに、ホイッグ党が民主党よりも「アメリカン・システム」の実現に積極的で、民主党のほうが西部への領土拡張を推し進めるといった特徴の違いはあった。しかし、各党内の地域差も大きく、両党に明らかな政策方針の違いがあるとはいえなかった。

とくに対外政策については、南北アメリカ大陸をアメリカの勢力圏と位置づけ、ヨーロッパとの相互不干渉を主張した一八二三年のモンロー大統領の議会教書（いわゆるモンロー・ドクトリン）が一九世紀末まで党派を超えて引き継がれる。のちに詳しく見るように、当時アメリカで最大の政治争点は奴隷制をめぐる南北対立であったが、二大政党はいずれも南北にまたがって展開しており、党内で意見が割れていた。

政策への考えを大きく異にする集団が党内で共存できた理由の一つに、議会での党内規律の弱さがある。議員たちが政党指導部の方針に従って投票しなければならないとしたら、同じ政党ではやっていけなかったはずである。しかし、連邦下院議員の候補者は選挙区の党大会、連邦上院議員は州議会でそれぞれ選出されており、地元の意向を重視すればよかった。

こうした事情から、選挙ではその時々に二大政党間で明らかな対立のある連邦レベルの重要争点のみが強調された。興味深いのは、州レベルの公職の選挙でも、州内の党内対立が目立たないよう、関連が薄いはずの連邦レベルの争点が強調されたことである。

結束の源泉としての利益配分

　では、そもそも各党の諸集団はなぜ考えが違っていても一つの政党に結束しようとしたのだろうか。それは多分に、政府を掌握することで得られる利権を分かち合うという共通の目標があったからである。

　一九世紀の連邦政府の重要な役割は、直轄領の土地や関税収入などの資源をインフラ整備などを通じて国内のさまざまな主体に分配することにあった。同じ政党の議員たちは、互いの地元に利権を配分するために議会内で積極的に協力した。

　また第二次政党制以降の政党にとって、大統領選挙での勝利が最大の目標となった。大統領は最も権威ある公職だっただけでなく、行政官や裁判官の人事権など、さまざまな形で利権を配分する権限を持っていたからである。当時は、能力審査に基づく公務員人事制度（メリット・システム）がなかった。そのため、閣僚からパートタイムの郵便局職員にいたるさまざまなポストが大統領による政治任用の対象であり、選挙の功労者を始め各地域の党の有力者や支持者に分け与えられていった。

　このような人事制度は、選挙での勝利によって官職が得られることを狩りとその獲物に見立てて「猟官制（スポイルズ・システム）」と呼ばれる。ジャクソン大統領は、積極的に民主党の幹部や支持者を公務員に取り立てていった。また公務員の仕事は特別な能力を必要とせず、多くの市民が経験すべきだとして、頻繁に人員を入れ替えた。この官職交代制と呼ばれる慣行も、党を超えて引き継がれていく。メリット・システムが浸透した今日でも、三〇〇〇以上の上級官職が大統領による政治任用の対象になっているのは、この一九世紀からの人事慣行の名残である。

猟官制によって、各地の政党組織は支持者に官職を分け与えることで彼らの支持を維持できた。政治任用で公務員職を得た者は、給与の一部を党組織に納めることを求められたので、猟官制は政党の重要な活動資金源でもあった。

大統領選挙での勝利が政党の存在意義だと考えられるようになった結果、アメリカでは地域政党が発達しにくくなった。大統領選挙は制度上、幅広い地域で票を集めなければ勝てないからである。こうして、多様な利害と考え方を持つさまざまな勢力から構成された二つの全国政党が、ごく緩やかな政策的まとまりと利権による強固なつながりの組み合わせによって維持されていくこととなる。

2 「政党の時代」の始まり——社会生活に浸透する二大政党

民主党とホイッグ党は、連邦から地方まで全国の政府を掌握しただけでなく、徹底した組織化を通じて人々の生活にも深く浸透していった。以後一九世紀末までは、政党が有権者の生活まで深く浸透して物の見方にまで影響を与え、しばしば「政党の時代」と呼ばれる。では、当時の政治は、具体的にどのようなものだったのだろうか。市民はそこでどのように政党と関わっていたのだろうか。

この時期の市民は、支持政党を持つのが当然と考えられていた。大半の人々は、二大政党の一方に単なる支持意識を超えた一体感（帰属意識）を抱いていたと見られる。その感覚は、今日でいえば野球やサッカーなどのプロスポーツチームの熱狂的なファンのそれに近い。党大会制度を通じて、一般の有権者が実際に党の一員として扱われていたことを考えれば、それは不思議でない。アメリカでは、墓碑銘に故人の業績などを刻むことがあるが、そこに支持政党との結びつきが含まれることさえあったという。

しかし、二大政党の政策的違いが明確でなかったのなら、人々の政党支持はどのように決まっていたのだろうか。

当時の政党支持は、各地域内の既存の政治対立と絡み合っていた。地元のある勢力が民主党に付くと、それと敵対していた勢力はホイッグ党に回る、という具合で、政策とは必ずしも関係がなかった。これが二大政党間の対立の基礎だった。

この地域コミュニティ内の対立は多くの場合、民族や宗教上の違いと結びついていた。一九世紀前半のアメリカはすでに民族的に多様であったが、白人のなかでもアングロサクソン系のプロテスタント（いわゆるWASP）が支配的な地位を占めていた。彼らは他の集団、なかでもカトリックの信者と、飲酒など生活習慣の違いから対立することも少なくなかった。当時大量に流入していたアイルランド系などは、一段下の人種として扱われることさえあった。

こうした社会内部の民族や宗教による亀裂は、多分に政党間対立と対応していた。一九世紀中の民主党はホイッグ党よりも、またのちに登場する共和党に比べても、政府による社会経済の統制に消極的であった。そのため、自文化への干渉を嫌う、WASP以外の人々に支持される傾向が強かった。

市民が政党に強い一体感を持つようになったのは、政党との関係が多分に民族や宗教という、個人のアイデンティティに規定されていたからなのである。

この点は、参政権を持たない白人女性にも当てはまる。当時、女性は男性よりも高い徳性を持つものの、そのか弱さから世間の荒波にさらされないよう家庭内で母親として力を発揮するのだとされた。しかし実際は、支持政党を持ち、選挙運動などに参加する女性は少なくなかった。参政権がないにもかかわらず、献身的に活動することは、純粋な愛党心の発露なのだと周囲に持ち上げられもしたのである。

このようにして、政党との一体感自体が個人のアイデンティティの一部となっていった。それは個人が成長して政治的に社会化されていくなかで強化され、親から子へと受け継がれていく。また一九世紀を通じて、開拓しながら西へ進む西漸運動が展開し、多くの人々が西部に移動して新たな共同体を作ったが、そこでも既存の政党支持に基づいて二大政党の党組織が作られていく。

再生産される政党と有権者の結びつき

この「政党の時代」には、大統領選挙の投票率が八割を超えることも珍しくなかった。また次節で見るような、政党と政治への見方を根本的に変えるような出来事でも起こらない限り、有権者は安定的に支持政党の候補に投票し続けたとされる。しかし、それは完全に自発的なものではなかった。「政党の時代」は、政党組織による徹底した動員なしには成立しなかった。政党組織は、地域内の有権者を個人レベルで把握していた。選挙時に投票を働きかけるだけでなく、日常的に自党への支持を再生産すべく活動したのである。

市民の政党支持を再生産するうえで、重要な役割を果たしたのが新聞である。アメリカでは、一九世紀半ばまでに白人について初等公教育が普及し、世界的に見ても識字率が高かった。当時の新聞は、オーナーや編集者自身が政党政治家であることが多く、一般の記事も党派的な観点から執筆されていた。

州都を始め、多くの町では政党別に二つの新聞が発行され、人々は新聞を介して、支持政党の目を通じて世界を見ていた。たとえば『ニューヨーク・タイムズ』紙は一八五一年に、ホイッグ党の政治家でのちに共和党に転じるヘンリー・レイモンドらによって創刊されている。

政党はまた、さまざまな機会に支持者の党への愛着を喚起しようとした。地元の党組織が主催するピクニックはその代表的なものである。娯楽が限られていた当時、こうしたイベントは市民の大きな楽しみであった。今日では想像しがたいものの、そこでのハイライトは政治家の演説である。当時の演説は二時間を超えることも珍しくなかったが、支持者たちは喜んで聴いていたという。人々は、同じ党派内で付き合い、党派的に考え行動していた。政党は、「政治のなかの教会」の役割を果たしていたとまでいわれる。

ただし、人々の政党に対する支持は、愛着からきていただけではない。それは、党からのさまざまな恩恵と引き換えに与えられるものでもあった。先述のように、党への貢献は官職への任命という形で報われた。政治家は他にも、職の斡旋《あっせん》から子息のウェスト・ポイント陸軍士官学校出願時の推薦にいたるまで、支持者のさまざまな要望に応えたのである。当時の政治家が遺した文書資料の大半は、選挙区などからの要望を綴った手紙である。

新しくアメリカにやってきた移民は、新たな支持者として二大政党の争奪の対象となった。政党組織は帰化手続きを手伝い、職を紹介するなどして、移民がアメリカで生活できるようにすることで、彼ら――その大多数は投票経験がなく、民主政治を理解していない者も多かった――を取り込んでいく。

とくにニューヨークやフィラデルフィアといった大都市では、党組織が機械のように精妙に作動して支持者を動員し、「マシーン」と呼ばれるようになる。有力なマシーンは市政府と結びつき、その利権も利用しながら新参の移民を含む多くの都市住民を掌握した。

たとえば、一九世紀前半から半ばにかけて、故国のジャガイモ飢饉もあって大挙してアメリカに渡ったアイルランド移民は、彼らの票をあてにした政党組織から、消防や警察といった地方公務員職を斡旋されるようになった。今日でも、これらの職業はアイルランド系と強く結びつけて捉えられている。手段を選ばず党勢を拡大しようとするマシーンは、批判されながらも多くの大都市で二〇世紀半ばまで存続した。

政党による有権者の動員と統制

このように人々の生活にも食い込んだ党組織は、候補者を選出する党大会を運営し、選挙戦をあの手この手で盛り上げようとした。チラシなどの配布はもとより、候補者を始めとする政治家の演説会、選挙戦の出陣式や、候補者を軸に党の結束を強めるための松明《たいまつ》行列といったイベントを開いたりもした。選挙演説も、自党の功績と候補者の人格を賞賛する一方、対立政党を徹底的にこき下ろし、支持者の愛党心をくすぐるものであった。

しかし、大統領選挙の候補者の姿はそこになかった。大統領は進んで権力を求めるような人間であってはならないという共和主義的な規範が残り、候補者が表立って候補指名を求めることも、選挙活動を行うこともタブー視された。そのため、大統領候補は選挙戦を全国各地の党組織に依存せざるを得ず、当選後も政策の執行や人事の配分などで党内からの要望に応じなければならなかった。

政党組織は、選挙自体の運営にも深く関与しており、それも有権者の動員と統制を容易にした。公式の投票用紙はなく、各党は自党の候補者名を印刷した投票用紙をあらかじめ支持者に配布した。当時から、同日に多数の選挙が行われるのが普通であり、一枚の投票用紙にときに十以上の公職の候補者名が記された。党の支持者はそれを投じれば、知識がなくとも一度に自党の全候補に投票できたのである。

一九世紀はまだ秘密投票への意識が低く、投票所では政党の関係者が見守るなかで投票しなければならなかった。投票用紙は色付きのため、誰がどの党に票を投じたのかは一目瞭然

「郡の選挙」ジョージ・ケイレブ・ビンガム画，1852年

であった。ただし支持政党の候補者に不満がある場合、候補者名を書き換えて、気づかれにくい形で異なる候補に投票することもできた。

ところが、一九世紀後半までケンタッキー州など一部の地域で用いられた宣誓投票制の下では、それも困難だった。これは「男子たるもの自分の意見を恥じることなく公にできなくてはならない」という考えから、どの候補に投票するかを口頭で表明させる制度である。この制度をとる地域では、支持政党以外の候補者に投票するため知人のいない遠くの投票所まで出向いたという記録も残っている。

当時の有権者が支持政党に異議申し立てをするには、棄権が最も一般的な手段であった。とはいえ、党組織は支持者が確実に投票所に足を運ぶよう徹底的に監視と働きかけを行った。大統領選挙で約八割、他の年の連邦下院議員選挙でも六割強という高い投票率は、多分にそのためでもあった。今日でもそうであるが、日曜日はキリスト教の安息日であるため選挙は平日に行われた。猟官制の下、連邦公務員は政権党の最も熱心な支持者であったから、大統領選挙ともなると地元での投票と動員の手伝いのために休暇も与えられていた。

異なる選挙日程の持った意味

政党にとって、選挙は勝敗だけでなく、支持者の愛党心を高めるうえでも重要な意味を持った。一九世紀前半には民主化の一環で、州・地方レベルの公職に選挙職が増え、今日よりも任期が短かった。たとえば、州知事の任期は今日四年が標準的だが、一九世紀には大半が一年か二年であった。さらに、同じ州でも役職によって選挙の日程が別々だったため、全国のどこかで常に選挙が戦われていた。アメリカは、今日でも選挙の多い国として知られる。

連邦レベルの選挙でも事情は同じであった。当初は、大統領選挙でも各州が選挙人を選出する日程がバラバラであった。しかし、それでは一部の州での選出を待たずに勝者が決まったり、選挙人の多い州が選出の日程をなるべく後にし、勝敗を左右する立場になって政治的影響力を増そうとしたりするおそれがある。そのため一八四五年の大統領選挙日程法で、一一月の第一月曜日の次の火曜日と全国で統一されたのである。

一九世紀には、連邦下院議員選挙の実施時期も州によって異なり、同じ議会期の議員の選出が異なる年にまたがることすらあった。しかし、選挙の運営コストを節約するねらいもあって、選挙日程は徐々に統一されていく。大統領選挙と同じ一一月に、連邦下院議員や州・地方レベルの公職の選挙を実施する州が増えていった。

それでも一部の州は、一一月よりも前の実施にこだわった。科学的な世論調査のない当時、各地の選挙結果が世論の動向を知る数少ない手段だったからである。たとえばメイン州は九月、オハイオ州などは一〇月に知事を含む主だった公職の選挙を行っていたが、これらの州の結果は一一月の大統領選挙に多かれ少なかれ影響を与えると考えられていた。なかでもメイン州は「この国はメインの進むほうに進む」と言われるほど、大統領選挙の結果がメイン州の知事選挙のそれと頻繁に合致した。

政党が選挙実務に大きな役割を果たしたことから、選挙不正が容易だったと思うかもしれない。実際「政党の時代」には、一人の有権者が複数の投票所を回って投票するなどした結果、ある地域の投票率が一〇〇％を超えることもあったとされる。連邦議会では、選挙結果を受け入れるかどうかを各議院が決定できるため、選挙結果が僅差の場合、敗者側の党が異議申し立てを行うこともあった。とはいえ、選挙は有権者を徹底的に把握した両党の関係者による相互監視の下で運営されていたから、大規模な不正は多くなかったという。

3　奴隷制をめぐる南北対立――民主・共和の二大政党制へ

脆弱なホイッグ党

二大政党はこのようにして、全国で徹底的に有権者を囲い込んでいった。しかし、民主党とホイッグ党の第二次政党制は長続きしなかった。それは、ホイッグ党が結成当初からの党内不和を克服できなかったうえに、政治争点によって二つの政党が分裂したり、第三党活動が活発化したりしたためである。一八五〇年代初頭には、ホイッグ党は解体寸前になっていた。そこに新たに登場した共和党が、代わって二大政党の一角を占めるようになる。

ホイッグ党は、民主党と同じく異なる利害や政策方針を持つ諸勢力の連合であった。しかし、民主党がジャクソンを象徴に愛国的な庶民の党というイメージを獲得したのに対して、ホイッグ党が当初掲げた共和主義的な「反専制」の姿勢は時代遅れになっていた。

またホイッグ党は、ジャクソンのような大衆を熱狂させられる指導者に恵まれなかった。クレイには、「汚い取引」のイメージが染みついていた。彼を除くと、ホイッグ党最大のスター政治家は連邦上院議員および国務長官を務め、雄弁でならしたダニエル・ウェブスターであったが、北東部の財界と関係が深かったこともあり、大衆受けはしなかった。一八三六年に複数候補の一人として出馬したのが、大統領選挙に出た唯一の機会である。

その結果、ホイッグ党から大統領に当選したのは一八四〇年のハリソンと四八年のザカリー・テイラーという、軍功を上げた将軍だけであった。テイラーの勝利は、民主党側の分裂にも助けられていた。大統領選挙に勝てなければ、党の結束維持に不可欠な利権も確保できない。これは深刻な問題であった。

連邦議会でも民主党が多数派の時期が長く、ホイッグ党が上下両院で多数となったのは一八四〇年代初頭の二年間にすぎない。

奴隷制をめぐる問題の顕在化

他方でこの時期、国論を二分する争点が顕在化していった。もともと政党間の対立軸が明確でなかったところに各党内で内紛が起こり、第三党を組織する動きも活発になる。なかでも最も深刻で政党制の再編のきっかけを作ったのが、奴隷制をめぐる南北対立であった。

アメリカの一三植民地は、そのすべてが黒人奴隷制を法的に認めていたことがある。しかし北部（アメリカ史の文脈では、奴隷制のあった南部以外の全地域を指す）では、奴隷制は経済的合理性に乏しく、革命を通じて人々の平等意識が強まったこともあり、徐々に廃止されていった。他方、一八世紀後半にイギリスで始まった産業革命によって、南部では綿花など原料となる一次産品の需要が増え、プランテーションでの奴隷労働の必要性が増していく。奴隷制の扱いが分かれたことで、憲法制定会議でも、連邦議会下院と大統領選挙人の定数配分の基礎となる各州の人口に奴隷をどう算入するかといった対立が生じた。奴隷制を持つ邦が、奴隷を自由人と同様に扱うことを求めた一方、奴隷制のない邦は、奴隷が他人の財産として扱われている以上奴隷人口は除外すべきだと主張した。結局、奴隷一人を五分の三人と数えることで決着を見たが、憲法制定会議では奴隷制について他にも奴隷貿易の扱いなどの妥協が必要だった。

奴隷制に関する南北対立は、その後も北部に逃亡した奴隷の扱いなど、さまざまな争点をめぐって起きる。南部は、社会的伝統の一部となっていた奴隷制に北部が干渉することを恐れた。他方で北部の人々は、奴隷制を嫌悪しただけでなく、奴隷人口の存在によって南部の白人支配層が大統領選挙や連邦議会下院で不当に大きな権力(「スレイヴ・パワー」と呼ばれた)を握っているとして非難するようになる。

西部への奴隷制拡大が焦点に

この対立の構図がよく表れたのが、建国後に獲得した新しい領土に作られる州が奴隷制を採用するかどうかをめぐる展開であった。一八〇三年のルイジアナ購入以降、アメリカは購入や戦争などで領土を獲得していき、一八四〇年代には西海岸まで及ぶ大陸大の国家に発展する。そこへ多くの開拓者が進出していく。

州が未組織の領土はすべて連邦の直轄領とされたが、一定の人口に達した地域に準州(territory)の組織が認められ、準州議会を設置するなど自治が認められた。さらに人口が増えると、連邦議会に対して州への昇格の申請が可能となる。

一八一九年に、西部のミズーリ準州が奴隷州としての昇格の希望を表明すると、当時奴隷州と奴隷制のない自由州が同数だったこともあって、それを認めるべきかが連邦議会で激しい論争となる。結局、マサチューセッツ州から分離したメインを自由州とするのと同時に奴隷州としての昇格を認めるのに加え、以後当時の領土内で奴隷州はミズーリよりも南（北緯三六度三〇分以南）にしか作らないという「ミズーリの妥協」が翌年成立した。

この時期、北部はすでに人口でも連邦議会下院の議席数でも南部を上回っていた。そこで、以後奴隷州と自由州を同数に保つことで、各州から二名ずつ選出される連邦議会上院で両者を対等にするという慣行も成立する。また一八四〇年から一八五〇年代まで、民主党とホイッグ党の正副大統領候補はすべて南北の出身者の組み合わせであった。

他方で一九世紀前半には、「大覚醒」と呼ばれるプロテスタントの信仰復興運動の盛り上がりがあった。それも手伝って、北部では奴隷制が全ての人の「神の下の平等」に反するとして反発が強まり、奴隷制廃止運動が本格化する。一八三三年には、ウィリアム・ロイド・ギャリソンらが奴隷制の即時廃止を目指す（アボリショニズム）アメリカ反奴隷制協会を立ち上げ、多くの会員を獲得していく。

一八三九年には、この奴隷制即時廃止運動の一部が初の反奴隷制政党である自由党を組織した。さらに一八四八年には、奴隷制の西部への拡大に反対する自由土地党が登場する。敗北したものの、ヴァン・ビューレン元大統領を大統領候補に擁立し、主に民主党から票を奪ったことがホイッグ党のテイラーの勝利につながった。こうした北部の動きに、南部は神経をとがらせていく。

ホイッグ党の弱体化から共和党の結成へ

二大政党制への挑戦は、それにとどまらなかった。一九世紀半ばには、排外主義が盛り上がりを見せた。当時の移民にはアイルランド系やドイツ系が多かったが、これら「旧移民」と呼ばれる人々にはカトリックも多く、多数派のプロテスタントとは宗教的考え方だけでなく飲酒など生活習慣が異なることから抑圧の対象となったのである。

一八五〇年代には、「ノウ・ナッシングス」と呼ばれる排外主義的な秘密結社が勢いづいた（組織について聞かれた会員が「何も知らない」と答えたことによる）。この運動からアメリカン党という政党が結成され、移民に帰化を認めるまでの待機期間を延ばすといった政策を掲げて、一八五四年にはマサチューセッツ州で州議会の多数派を制するまでになる。

アメリカン党の伸長は二大政党の両方を揺さぶったが、とくに不安定なホイッグ党に深刻な打撃となった。そこへ奴隷制の拡大をめぐる新たな火種が生じ、ホイッグ党および既存の二大政党制の息の根を止めることとなる。

一八五四年に連邦議会に出されたカンザス・ネブラスカ法案は、その名称にある二つの準州を組織し、それらがのちに州に昇格する際に奴隷制導入の可否を住民たちで決定するという、当時「人民主権論」と呼ばれた考え方に基づくものであった。これらの準州がミズーリ州よりも南でなくすぐ西隣に予定されていたことから、この法案は一八二〇年の「ミズーリの妥協」を南部に有利な形で無効にする意味を持った。

北部のイリノイ州選出で民主党のスティーヴン・ダグラス上院議員がこうした法案を提出したのは、当時計画中だった大陸横断鉄道について、同州のシカゴを通る北回りのルートを南部選出の議員に受け入れさせるためであった。同年、この法案は南部の支持を得て成立する。これが、奴隷制の拡大に反対する人々の怒りに火をつけることになった。

この立法に反発する北部の勢力は、それまでの所属政党を超えて結集し、新党を立ち上げた。これがやがて、「共和党」と呼ばれるようになる。この名称には、第一次政党制における共和派へのオマージュに加え、奴隷制への反対の意味が込められていた。他方で南部や、北部でも奴隷制に寛大な立場をとる人々は、民主党に集まっていく。

共和党の参加者は、ほぼ例外なく奴隷制に反対していたものの、党としては奴隷制の廃止を掲げるのでなく西部への拡大の阻止に目標を限定していた。憲法上、連邦は既存の奴隷制に干渉できないと理解されていたうえに、奴隷制には反対でも、奴隷制が廃止されると解放奴隷が北部に流入して混乱が起こると恐れる人々もいたからである。北部の白人は、奴隷制に反対する一方で、南部の白人と同様に黒人に根深い差別意識を抱いていた。

第三次政党制への移行と一八六〇年の大統領選挙

二つの新しい準州のうち、カンザスはただちに州昇格に向けて動きだしたが、奴隷制導入の支持派と反対派の双方が大挙して流入して争い、「流血のカンザス」とまで呼ばれる内乱状態に陥った。一八六一年一月に自由州として昇格するまで、両派がそれぞれ準州議会を立ち上げて別個の州憲法案を採択するなど混乱が続く。

この状況下で実施された一八五六年の大統領選挙で、ホイッグ党はアメリカン党と合同で候補を立てた。しかし一般投票で二〇%強しかとれず、一州での勝利にとどまった。それに対し共和党は、ジョン・フリーモントが民主党のジェイムズ・ブキャナンに敗れたものの一般投票で三三％の票を獲得し、北部の一一州で勝利しただけでなく、連邦議会でも民主党に次ぐ第二党となった。史上初めて二大政党制を構成する政党が入れ替わったのである。

翌年には、最高裁がドレッド・スコット判決の中で黒人は市民としての資格を持たないと述べて、一層緊張が高まった。一八五八年の連邦議会と州レベルの選挙で、共和党はさらに躍進する。こうして成立した新たな政党制は第三次政党制と呼ばれ、一九世紀末まで続く。

次の一八六〇年大統領選挙に際して、共和党はイリノイ州のエイブラハム・リンカンを候補に選出する。彼は州議会議員のほか連邦下院議員を一期務めただけだったものの、一八五八年にスティーヴン・ダグラスの上院議員再選に際して共和党の候補者として論戦を挑み、奴隷制拡大の是非などの争点について、七度の討論会で雄弁で知られるダグラスを相手に互角以上に渡り合い、全国的に知られていた。

対する民主党は、奴隷制の拡大の是非をめぐって南北で分裂し、別個に候補を立てた。さらに、北部と境を接する奴隷州を中心に、

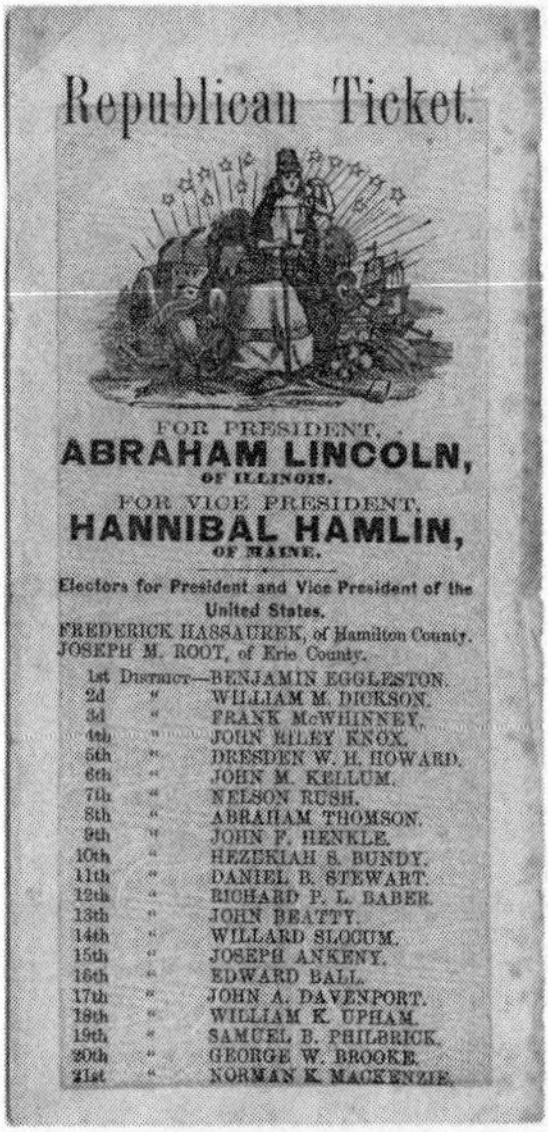

1860年大統領選挙の共和党の投票用紙，オハイオ州

内戦勃発への不安から連邦の維持を掲げる立憲連邦党が組織された。こうした分裂の結果、リンカンは一般投票の得票率こそ約四〇%にとどまったものの、北部の諸州で圧勝し当選する。同時期に選出された連邦議会でも、共和党が上下両院で多数派を占めることとなった。

南部の諸州は、この結果を北部による奴隷制の拒絶とみなし、相次いで連邦からの離脱を表明していった。当時、新大統領の就任は選挙の翌年三月であり、その間民主党のブキャナン大統領は奴隷制を憲法修正で保障すべきだと表明した。しかし南部諸州は聞き入れず、新たにアメリカ連合国(以下南部連合)を組織する。これ以降のアメリカで、最も狭い意味での南部はこの南部連合に参加した一一州を指す。

連邦議会でも妥協が模索され、リンカン政権発足後も懐柔工作は続いた。しかし南部連合はそれに応じず、領内にある連邦の軍事施設の明け渡しを求めた。そしてサウスカロライナ州のサムター要塞で一八六一年四月に軍事衝突が起きたのをきっかけに、内戦が始まった。これが、以後丸四年にわたる南北戦争である。

南北戦争と政党政治

開戦当時、北部は人口でアメリカ全体の七割、工業生産では九割を占めるなど、南北の国力には圧倒的な差があった。そのため、北部は南部が早々に離脱を諦めるはずだと考えていた。しかしその南部は、自分たちから綿花など一次産品を輸入するヨーロッパ諸国が味方に回ると見込んでおり、北部がいずれ独立を容認せざるを得なくなると期待していた。結局、南部連合を積極的に支援する国は現れなかったが、南部側に経験豊富な兵士が多く在籍したこともあって、内戦は長期化していく。

南北戦争は、両陣営とも初めて徴兵や不換紙幣の発行を行うなど国内の資源を徹底的に動員し、世界史上初の総力戦ともいわれる。その際、連邦側では共和党がリンカン政権への協力で一致していたのに対して、民主党内では立場が分かれ、戦争遂行のため政権に協力する「ウォー［戦争］・デモクラッツ」や、逆に南部の離脱を認めて停戦すべきだとする「ピース［平和］・デモクラッツ（コパーヘッズ）」と呼ばれる勢力が登場した。

北部で多数派を占めた共和党も戦時中、安泰だったわけではない。リンカンは当初、奴隷州の一部が連邦に残ったこともあり、戦争の目的を連邦の回復に限定していた。しかし、戦争の効果的遂行などのため、徐々に奴隷制の廃止を目指すことになるが、これには反対も大きかった。

一八六二年九月には、南部連合が敵対行為をやめなければ年明けに域内の奴隷を解放するという予備的な宣言をリンカンが発したが、多くの白人は、黒人の自由のために白人が戦うという図式に反発した。予想外の長期戦への苛立ちもあり、この年の選挙では厭戦《えんせん》気分と黒

2-1　南北戦争終結時点のアメリカ，1865年

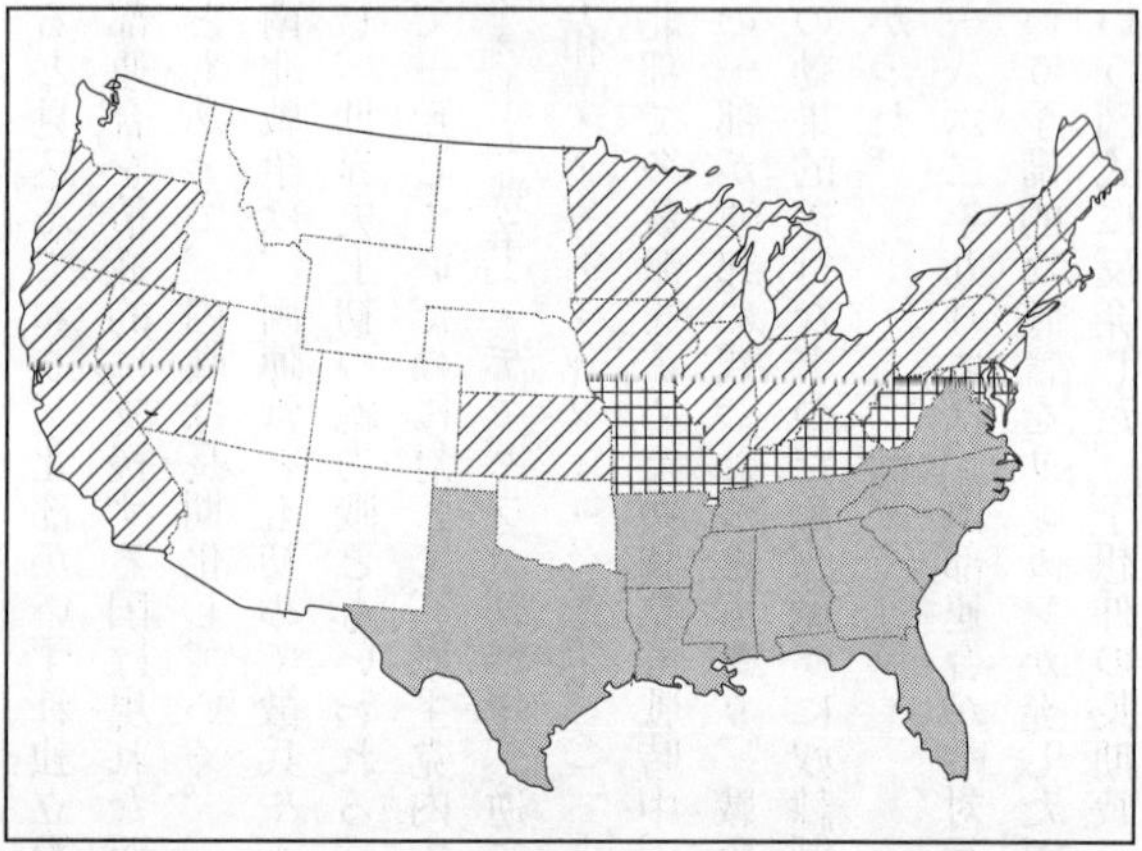

註記：斜線は自由州，灰色は南部連合に参加した11州，格子は連邦に残った奴隷州（境界州），白は準州など州が未組織の地域

人への差別意識を煽《あお》った民主党が躍進する。この翌一八六三年元日、予告通り南部連合の実効支配地域について奴隷解放が宣言された。さらに同年徴兵が始まると暴動が起き、黒人がリンチに遭うなどする。

一八六四年の大統領選挙で、民主党は共和党政権による戦争遂行が州や市民の権利侵害を伴うと非難し、開戦初期の連邦軍司令官であったジョージ・マクレランを擁立した。対する共和党は、連邦全体を指す当時の用語から一時党名を「ユニオン党」に改めた。また再選を目指すリンカンの副大統領候補に、南部のテネシー州選出ながら連邦の一体性を重んじ、南部連合に参加した州から唯一連邦議会に残ったアンドルー・ジョンソン元上院議員を立てて、有権

者の愛国心を鼓舞しようとした。

当時は、連邦側の勝利が間近だという観測が広まり、共和党が有利と考えられていた。それでも共和党内では、戦争の遂行や戦後処理の方針をめぐってリンカンへの不満が強まっており、リンカンも選挙直前まで自分が負ける可能性を真剣に考えていたという。

結局リンカンは大差で再選を果たし、翌一八六五年四月に内戦は連邦側の勝利で幕を閉じる。南北合わせて当時の人口の約二％にあたる六〇万人以上が戦死するという凄惨なものであった。この数は、アメリカが今日までに戦った他のすべての戦争での死者数に匹敵する。

そしてこの年、全国で奴隷制を廃止する憲法第一三修正が成立した。

終戦と奴隷制の廃止は、奴隷制の拡大への反対という共和党の結成時の目標がいわば十二分に達成されたことを意味した。共和党はどのように党としての結束を維持し、有権者の支持を確保するのかという課題を抱えることになる。

再建の政治——大統領と議会共和党の対立

連邦の勝利が確実視されるようになると、戦後南部の反乱者にどんな処罰を与え、解放された元奴隷（「解放民」という）を社会にどのような形で包摂し、いかなる条件で南部諸州を連邦に復帰させるかが課題となった。この南北戦争の戦後処理を「再建（reconstruction）」

という、終戦から連邦軍が南部から撤収する一八七七年までを「再建期」と呼ぶ。

共和党内では、南部連合の指導者や支持者に政治参加を認めないという点で一致を見ていた。そのうえで、解放民に最低限の権利保障がなされれば連邦に復帰させてよいと考える保守派や、逆に白人プランターが支配する南部の社会構造を解体してでも人種間の平等を実現しようとする急進派があったが、両者の間の立場をとる穏健派が最も多かった。

党内の意見対立に加え、終戦直後に観劇中のリンカンが南部の俳優ジョン・ウィルクス・ブースに銃撃されて死亡したことが再建の政治を複雑にする。大統領に昇格したジョンソンは南部の民主党出身の州権論者で、元奴隷主でもあり、共和党への忠誠心はなかった。

彼は連邦議会の閉会中に、共和党内の保守派よりもさらに寛大に、南部諸州が奴隷制の廃止さえ受け入れれば連邦復帰を進めていった。一八六五年中に一一州すべてが復帰したが、どの州でも南部連合の指導者が権力の座にとどまり、解放民の権利は白人に比べて著しく制限された。

共和党がこれに強く反発した一方、南部に寛大な民主党はジョンソンに喝采を送った。すると彼は、翌一八六六年に戦前への復旧を基調とする連邦の再統合を掲げた「ナショナル・ユニオン運動」を立ち上げる。そのねらいは、南部の支配層や民主党、そして共和党の保守派を糾合して新たな全国政党を生み出すことにあった。しかし、同年の選挙に候補者を立てたものの惨敗に終わり、共和党の保守派の参加者が一部民主党に移動するにとどまった。共和党にとって、ジョンソンの「大統領による再建」はそれ自体受け入れがたかったが、奴隷制の消滅により連邦議会下院の定数配分で有利になる南部が民主党と手を組むことは、選挙面でも大きな脅威であった。こうして議会共和党は、南部とジョンソンへの反発から異例のまとまりをみせていく。

急進的な「議会による再建」

議会共和党は、一八六六年に市民的権利法（公民権法）を成立させ、憲法第一四修正を発議した。それにより、解放民に市民が当然持つべき権利を保障し、南部連合に加担した者の政治参加を停止した。ジョンソンの後ろ盾を受けた南部が抵抗すると、翌一八六七年には一連の再建法を成立させて南部諸州を再び軍事占領下に置き、再建のやり直しに踏み切る。

議会共和党は再建法で、連邦と共和党を支持するであろう南部の黒人（男性）に選挙権を与え、連邦支持派の白人とともに政治に参加させた。それにより、南部が内戦の結果を実質的に受け入れ、共和党を支持するようになると期待したのである。

ジョンソンがこれにも抵抗すると、議会共和党は一八六八年に彼を大統領として史上初の弾劾裁判にかけた。連邦議会下院が過半数の賛成で「反逆罪、収賄罪、その他の重大な罪または軽罪」のいずれかにあたるとして弾劾決議を採択すると、最高裁首席裁判官の指揮の下、上院で裁判が行われる。ここで三分の二以上の議員が弾劾に賛成すると有罪となり、罷免される。共和党は、上院で大統領の罷免に必要な数の議席を持っていたが、権力分立のあり方を変える危険な先例になると恐れる共和党議員も多く、失敗に終わった。

「初めての投票」 再建法で投票権を得た南部の黒人を描いた作品.『ハーパーズ・ウィークリー』誌，1867年

議会共和党の推進した急進的な「議会による再建」は、ある副作用を持っていた。終戦当時、北部で黒人が投票できたのは北東部のいくつかの州にすぎなかった。そこへ南部で黒人に参政権が認められたため、北部の白人はそれが北部にも導入されるのではないかと恐れるようになったのである。

その結果、共和党は一八六〇年代末にかけて連邦と州の両レベルの選挙で後退していく。結局議会共和党は、全国で人種による選挙権の差別を禁じる憲法第一五修正を一八七〇年に成立させ、この問題の非政治化を図った。

南部の一一州は、南北戦争後に成立した再建に関わる憲法第一三・一四・一五修正を受け入れるなどして、その後一八七〇年までに連邦への復帰を認められていく。しかし南部では、南北戦争と再建を進めた共和党への反発から民主党が多数派を占めるようになっていく。その過程で、黒人や共和党支持者の投票が妨害されるようになった。結局再建は、黒人を置き去りに、南北の白人が和解する形で幕を閉じることになる。

一八七六年の大統領選挙は、大接戦となった。民主党のサミュエル・ティルデンが共和党のラザフォード・ヘイズを一般投票の得票でわずかに上回ったものの、四州で票の集計に疑義が出、その結果で勝者が決まる異例の事態となった。対応を協議するため、連邦議会議員と最高裁裁判官による特別委員会が組織されたが、両党の間で、連邦軍の南部からの撤収と引き換えにヘイズの当選を認めるという取引が成立する。

この「一八七七年の妥協」を経て、以後一世紀にわたり民主党の一党支配の続く「堅固なる南部（ソリッド・サウス）」が現れることとなった。その結果、北部で圧倒的な多数派を占める共和党と南部を独占的に支配する民主党が、全国規模で拮抗していく。

次章では、改めて南北戦争後から政党政治全体の展開を検討することにしよう。

第3章　現代社会への適応――南北戦争後～一九三〇年代

1　戦後秩序の模索――二大政党の拮抗と第三党からの挑戦

南北戦争後の社会変化と二大政党

一九世紀のアメリカ史は、南北戦争を境に大きく「アンテベラム（戦前）」期と「ポストベラム（戦後）」期に区分される。ポストベラム期は、一八七三年に始まる約一〇年おきの不況を除いて長期の経済成長期であり、政治的には政府の関与に否定的な雰囲気が強かった。一九世紀までのアメリカ政治が自由放任であったというイメージは、多分にこの時期からきている。

『ハックルベリ・フィンの冒険』などの作品で知られるマーク・トウェインは、財界が富を追求し、政策的に大差ない二大政党が腐敗し党利に走る様子を目の当たりにして、この時代の世相を一八七三年出版の『ギルデッド・エイジ』という小説で描いた。このタイトルは表面だけ華やかで中身を欠く「金メッキ時代」を意味する。これは今日でも、一八七〇年代から九〇年代の通称となっている。

南北戦争はアメリカ史全体で大きな画期であったが、それは政党政治にもいえる。終戦と奴隷制の廃止によって、共和党は結成時の目的を十二分に達成し目標を失い、他方で民主党は反逆の党の烙印を押され停滞していた。そのため、排外主義や奴隷制をめぐって一八五〇年代にホイッグ党が消滅したように、政党制の再編が起きてもおかしくない状況だった。

しかし、実際には民主・共和の二大政党は、第三党の挑戦も退けてその地位を維持し、両者による二大政党制が二一世紀まで続いている。それには二つの理由がある。

第一に、二大政党がさまざまな利害や考えを持つ地域政党組織の連合体であり、もともと特定の政策方針でまとまる必要性が弱いからである。

第二に、ほぼ終始民主党に対して劣勢だったホイッグ党と違い、第三次政党制の二大政党は一八七〇年代以降拮抗状態にあった。そのため、両党とも新党の挑戦などの変化に対応できるだけの党勢を持っていたからである。

この時期の二大政党は、共和党のほうが民主党よりも政府の関与に肯定的であった。それは保護関税や一定の産業規制を主張した経済的争点と、酒類の製造や販売の規制などを支持した社会文化的争点のいずれにもいえる。しかし、これは全体の傾向にすぎない。各地の政党政治家は、地元の支持者の意向に沿った立場を採用したため、同じ地域の二大政党が似通った立場をとることも珍しくなかった。

とはいえ、二大政党の政治家たちはただバラバラに活動したわけではない。南部の再建が一段落した一八七〇年代から一九世紀末までは、奴隷制と内戦というそれまでの対立軸が意味を失っていくなか、各政党が新たなアイデンティティを模索していく時期であった。

民主党は戦争に非協力的な「反逆の党」のイメージから、北部では少数派に転落していた。そのため共和党に対抗できるだけの勢力の再構築が課題となる。そのなかで戦後の一時期に共和党が支配した南部が、民主党による一党支配の地となっていく。

アジアを含む西欧以外の地域から非WASPの移民が多く流入し、人々の関心も南北戦争から目の前の問題に移っていった。時間の経過は民主党の有利に働いたのだ。

一方の共和党では、奴隷制廃止の実現後、党がそれに代わる新たな改革を追求すべきだとする改革重視の立場と、手段を選ばず党勢の維持に努めるべきだという立場の溝が深まっていく。後者は、南北戦争を起爆剤に産業化の進む北部で強い共和党の政治家に、財界が手を差し伸べていったことも大きい。

共和党は「自由な土地、自由な労働、自由な人」をスローガンに、南部の支配層に対抗する庶民の党として登場したが、これ以降財界寄りの党としての性格を強めていく。

共和党リベラル派の挑戦

一八六八年大統領選挙で、共和党はそれまでの後退を挽回すべく南北戦争の名将ユリシーズ・グラントを候補に立てて圧勝する。しかし、グラント政権下で政治家や公務員の政治腐敗が相次いで発覚すると、改革重視の勢力のなかからリベラル派が主張を強めていった。

ここでのリベラル派は、個々人の理性や能力を信頼して人々の自由を重視する自由主義のなかでも、政府からの自由を強調する古典的自由主義の立場をとる人々である。その主張は、市場の失敗や差別などを克服すべく、政府が政策的に関与すべきだとする今日のリベラリズムと対照的である。彼らは政府の市場への干渉を抑制すべく、自由貿易や戦時中に発行された不換紙幣の償還による金本位制への早期復帰を掲げた。

またリベラル派は猟官制に代わるメリット・システムの導入など、連邦政府の効率化と縮小を訴えた。グラントが行政改革を進めないと彼らは不満を強め、次の一八七二年大統領選挙を前にグラントの再指名の阻止を試みる。それに失敗すると、共和党は改革の党であることをやめたとして、リベラル・リパブリカン党を立ち上げて選挙に参入した。

一八七二年の選挙では、共和党の分裂に加えて歴史的に異例の事態が起きた。グラントを相手に自党候補では到底勝ち目がないとみた民主党が、全国党大会でリベラル・リパブリカン党の候補と綱領を丸呑みしたのである。主要政党が大統領選挙で第三党の候補や綱領をそのまま採用したのは、アメリカ史のなかでこのときしかない。

もっとも、リベラル・リパブリカン党は結成の段階で、改革派の集団というよりも共和党内でグラント政権に何らかの不満を抱える勢力の集まりになっていた。同党の大統領候補は『ニューヨーク・トリビューン』紙編集者のホレス・グリーリーであったが、彼はリベラルな改革に関心のない、エキセントリックな言動で知られる人物であった。

グリーリーは第二次政党制ではホイッグ党に属し、南北戦争後は共和党内でも急進派に付いた民主党の宿敵であり、民主党支持者に受け入れられる余地はなかった。結局グラントが大差で再選を果たし、リベラル派は一部を除きリベラル・リパブリカン党から共和党に復帰したものの、影響力を大きく減じることとなる。

利権の大きな存在感

このように、再建期の二大政党はいずれも不安定な状態にあった。とくに共和党では、改革と党勢の維持の間でその後も綱引きが続く。その焦点の一つがメリット・システムの導入であった。

共和党全国党大会の様子,『ハーパーズ・ウィークリー』誌, 1876年

公務員の質の低さは当時広く問題視されていたが、猟官制の廃止は党が支持者に分配できる資源の喪失を意味する。この時期、猟官制の廃止に反対し、財界とも緊密な関係を築いて党組織を強化しようとする勢力は、強権派（Stalwarts）と呼ばれた。他方、党の繁栄を重んじながらも、公務員の質の向上など何らかの改革の推進に親近感を持つ人々は中間派（Half-Breeds）と呼ばれた。

両者の競争は、一八八三年にペンドルトン法が成立して、連邦政府にメリット・システムが導入されるまで続く。その二年前に、ジェイムズ・ガーフィールド大統領が政治任用から外れたのを逆恨みした共和党支持者に銃撃されて死亡したのが、超党派で立法が進むきっかけとなった。しかし、猟官制からの移行は緩慢で、メリット・システムが一部の上級官職を除いて浸透するのは第一次世界大戦後のことである。

ただし、リベラル・リパブリカン党が登場した一八七二年のような例外を除けば、二大政党はひとたび選挙となれば結束した。南北戦争後には、連邦議会下院内の各党の政党組織内に、下院議員選挙対策のための委員会も発足した。二〇世紀初頭に上院議員の選出が直接選挙に変わると、同様の組織が上院でも作られ、これらは今日まで重要な役割を果たしている。

この時期の共和党は、選挙演説などで有権者の南北戦争時の記憶を呼び覚まし、愛国心を徹底的に鼓舞する「血染めのシャツ振り」と呼ばれる戦術をとっていた。グラント以降、一九世紀末までの共和党の大統領が全員南北戦争の従軍経験者だったのは偶然でない。対する民主党は南北の融和を強調し、内戦がもはや過去の出来事になったとアピールした。

共和党は、この時期から「大いなる老政党」（"Grand Old Party" を略してGOPと略記することが多い）という別名で呼ばれてきた。これは、共和党が南北戦争を勝利に導いたことを強調して用いられるようになった表現で、今日でもメディアなどで広く使われる。

なお、民主党のロバに対して共和党のマスコットは象であるが、これも一八七〇年代に風刺画家のトマス・ナストが共和党を表すのに使ってから広まったものである。

経済の拡大に伴う都市化の進行とさらなる移民の流入によって、大都市ではマシーンが発達し、市政府も巻き込んで大きな権力を握った。共和党ではマット・キーが指揮するフィラデルフィアのマシーンが、また民主党ではニューヨーク市のタマニー・ホールの活動が広く知られる。

「堅固なる南部」での民主党支配

北部で二大政党が激しく競ったのに対して、南部連合に参加した諸州の展開は大きく異なっていた。

連邦軍の占領下にあった一八七〇年代初頭までは、多くの州で共和党が解放民と連邦支持派の支持を得て多数派を占め、連邦議会にも黒人の議員が選出された。ところが、連邦に復帰を認められて連邦政府の監視が弱まると、クー・クラックス・クランやライフル・クラブといった白人至上主義者団体などが共和党支持者の政治参加を妨害するようになる。一八七七年の連邦軍の撤収を前後して、共和党は南部から姿を消していき、民主党の一党支配が成立する。

共和党の支配下で、解放民はさまざまな権利を与えられはしたものの、生活は保障されなかった。彼らの多くは、かつての主人の下で小作人などとして過酷な条件で働きつづけることを余儀なくされる。

白人の支配層はさらに、黒人の諸権利を制約していく。といっても、人種による選挙権の差別は一八七〇年に成立した憲法第一五修正によって禁じられていた。そこで、祖父が自由人だったことや、人頭税の支払いなどを要件とすることで選挙権の行使を制限したのである。

他にも識字テストを課して、読解力があっても不合格として投票させないといったことも行った。連邦議会では、共和党の主導で南部の選挙を連邦政府に監視させる立法も試みられたものの、南部選出の議員の抵抗で失敗に終わる。

黒人が制限されたのは、参政権だけではない。公共交通機関やレストラン、水飲み場にいたる生活空間の全般にわたり人種隔離が進められ、「ジム・クロウ」と総称される州法によって制度化されていった（ジム・クロウは、顔を黒塗りした白人役者が黒人を演じるミンストレル・ショウでのまぬけな黒人の登場人物に由来）。

ジム・クロウは、一八九六年のプレッシー対ファーガソン事件判決で最高裁によって追認される。最高裁は、異なる人種向けの施設の水準が同じであれば「隔離すれども平等」だと判示したのである。この判決は、今日ではドレッド・スコット判決とならんで最高裁の下した歴史上最悪の判決の一つに数えられている。

なお、南部のようなあからさまな法制化こそされなかったものの、人種隔離は北部でも行われた。当時の世界では民主化の進んでいたアメリカだったが、政治および社会生活から黒人が排除された南部では、白人による寡頭支配が二〇世紀半ばまで続く。

また南部の白人は、全国政党の方針にも影響を与えた。民主党では発足以来、大統領候補の選出に全国党大会の代議員の過半数よりハードルが高い三分の二の賛成が必要とされたが、これは南部の意に沿わない候補決定を防ぐためであった。南北戦争後、一九世紀末まで民主党の大統領候補はすべて北部出身者だったものの、彼らは南部のお墨つきであった。

拮抗する二大政党間の競争

民主党が南部を独占し、新しい移民の支持を多く集めたこともあり、一八七〇年代以降、二大政党は全国規模で拮抗していく。州の数が多い北部で優位を維持した共和党は、連邦議会上院でほぼ恒常的に多数派を占め、大統領選挙でも有利であった。対して南部を独占する民主党は、連邦議会下院で過半数を占める時期が長かった。

移民の流入は民主党の有利に働いたが、共和党は自党を支持する西部の地域を積極的に州に昇格させ、議会の議席や大統領選挙人を増やすことで対抗した。この結果、一九世紀末まで、民主党が大統領選挙に勝利したのは一八八四年と一八九二年の二度だけで、いずれも勝者はグローヴァー・クリーヴランドだった。

一八八四年の大統領選挙は、リベラル派の系譜を引く「マグワンプス」と呼ばれる勢力が共和党を離反して民主党側に回ったことが大きく影響した。マグワンプスは先住民の言葉で「酋長」を指し、「所属政党よりも自分たちが上だと思い込んでいる」という皮肉からこう呼ばれた。この選挙では、マグワンプスが大きな影響力を持つニューヨーク州の一般投票で、

ライオンの皮を被った民主党（ここでは民主党系メディア）のロバ（中央），左に共和党のゾウ　トマス・ナスト画「三期目をめぐる騒動」『ハーパーズ・ウィークリー』誌，1874年

クリーヴランドが共和党のジェイムズ・ブレインを約一〇〇〇票上回ったことが明暗を分ける。ここに両党の拮抗状況の一端が表れている。

またポストベラム期には、連邦議会内で政党間の関係が大きく変化する。主に利権の奪い合いから二大政党の対立が拡大し、下院で審議手続きに重要な変更が行われた。

下院では従来、少数党が多数党による議事進行を容易に妨害できた。本会議に出席していても、定足数の確認時に返事をしないことで定足割れに追い込むことが規則上可能だったからである。ところが共和党のトマス・リード議長は、一八九〇年にこの「消える定足数」戦術を認めないよう下院規則を変更する。

この「リードの規則」の導入以降、議事手

続きを支配する多数党が、自党議員の好む法案を優先的に審議できるという大きな権力を握ることとなる。フィリバスターを用いた議事妨害が今日まで可能な上院に比べ、下院はリードの規則もあってより多数決主義的に運営されるようになる。

第三党の挑戦と挫折

ポストベラム期の政党政治では、二大政党の拮抗と並んで、活発な第三党の活動が重要な特徴であった。共和党から分離したリベラル・リパブリカン党についてはすでに見たが、この時期にはさまざまな社会運動が政党を立ち上げて二大政党に挑戦する。それは、共和党による奴隷制の廃止に遠因を持つ。

改革運動の指導者には、戦前に奴隷制廃止運動に関与していた者が多かった。彼らは共和党を、民主・ホイッグの二大政党制に挑戦して奴隷制廃止という一大改革を成し遂げた第三党と捉えていた。そのうえで、所期の目的を達成しながら新たな改革に乗り出さない共和党は歴史的役割を終えたとして、各地で新たな第三党を組織してそれに取って代わろうと考えたのである。

こうした改革志向の第三党には、酒類の製造と販売の禁止を目指す「禁酒党」、八時間労働の導入など労働者の待遇改善を目指す「労働改革党」や「連合労働党」といった労働者政党、農産物の輸送コスト軽減のために鉄道運賃の規制を掲げた「反独占党」などの農民政党などが挙げられる。とくに農民政党は、「グレンジ」と呼ばれる農家の組合組織から発達し、一八七〇年代半ばの一時期中西部で州議会の多数派を握り、鉄道規制にも成功する。

また農民政党を基に、南北戦争時に財務省が発行した不換紙幣（偽造防止のため裏面が特殊インクの緑一色で、「グリーンバック」と呼ばれた）の増刷を掲げる「グリーンバック党」が一八七四年に組織されている。当時農民の多くが借金に苦しんでいたため、通貨量を増やしてインフレを起こすことで負債を目減りさせるのがそのねらいであった。グリーンバック党は一八七〇年代末から八〇年代前半にかけて、連邦議会の上下両院で合わせて二桁の議席を獲得している。

とはいえ、この時期の第三党は農民政党を除いて選挙にほとんど勝てなかった。大半の有権者は、すでに二大政党の一方に強い一体感を抱いていた。また社会運動が第三党を組織する際にも、運動家自身の主要政党への愛着や、改革運動が欲にまみれた政党政治に関わることへの嫌悪感から運動内で強い反対意見があった。第三党は一時的に選挙に勝利しても、大統領選挙になると二大政党の前に存在がかすむのが常であった。

選挙で第三党を苦しめたのが、二大政党の柔構造である。たとえば、禁酒党の主張する酒類の製造・販売の禁止は北東部で広く支持を集めた。しかし、この地域の共和党が進んで同様の政策を掲げたため、禁酒党は最も支持を得られるはずの地域で共和党に票を奪われることとなる。二大政党の柔構造は、二大政党制を維持するメカニズムとして働いた。

ただし、第三党は選挙に勝てないまでも、二大政党が拮抗した地域ではキャスティング・ヴォートを握って存在感を発揮した。先述したように、一八八四年の大統領選挙では、ニューヨーク州で民主党が共和党を約一〇〇〇票上回ったのが決め手になったが、同州では禁酒党の候補がそれを大きく上回る約二万五〇〇〇票を獲得していた。支持層の重なる禁酒党が候補を立てていなければ、共和党のブレインが勝利していた可能性が大きい。

かつて歴史家のリチャード・ホフシタッターは、「第三党は蜂のようなものだ。一刺しすると死んでしまう」と述べた。第三党は大きく得票できなかったが、二大政党は拮抗していたためその動向に注意を払う必要があった。第三党の掲げた主張がしばしば二大政党に取り上げられたのも、そのためである。そして世紀末には、これが政党制の再編につながることになる。

2　革新主義の政治――二大政党の「公式の制度」化

一九世紀末には、第三党も交えた二大政党の拮抗状況に転機が訪れる。

南北戦争後、アメリカでは重工業や金融が発達して経済が成長し、世紀末に工業生産がイギリスを抜いて世界一となる。他方で所得格差が拡大し、景気の舵取《かじと》り役となる中央銀行の不在もあり、一八七三年以降ほぼ一〇年おきに大不況に見舞われていた。

とくに農民は、農業の機械化による収穫量の増大から生産物価格が下落し、機械購入時の負債も抱えて苦境に立たされた。彼らは、農産物の市場への輸送時に法外な運賃をとる鉄道が規制されないなど、資本家の横暴に政治が対応していないとして政財界のエリートに不満を強めていく。

農民がとりわけ問題視したのが、通貨量の不足である。当時の金本位制の下で、全国で発行される紙幣の総量に限りがあったうえ、紙幣を発行する銀行は北東部や中西部の都市部に集中していた。そのためインフレが進まず、農民の債務負担が軽減されなかっただけでなく、収穫期には農産物を取り引きするための通貨にも事欠く状況であった。

グリーンバック党の活動が停滞した後、二大政党の枠内で活動していた農民運動は、一八八〇年代末に農民の互助組織である「農民連合（Farmers' Alliance）」を基盤に第三党運動を立ち上げる。一八九〇年に連邦下院議員や州レベルの選挙で成果を上げると、労働運動や禁酒運動といったさまざまな改革運動を糾合して全国政党化を目指した。政財界のエリートから権力を人々の手に取り戻すべく「人民党」と命名されたこの政党は、今日広く知られる「ポピュリズム」の語源の一つである。

人民党は、農業を主産業とする西部や南部を中心に人気を集めた。その最大の主張は、銀貨の鋳造によるインフレの実現であった。かつてグリーンバック党は不換紙幣の増刷を掲げたが、まだ通貨が金や銀といった貴金属のカネ（正貨）に裏打ちされることが常識であったため、支持が広がらなかった。それに対して、人民党は銀を金と並ぶ正貨にし、金銀複本位制とすることで通貨の発行量を増やそうとしたのである。

実は、アメリカでは一八七三年まで銀が金と並ぶ正貨であり、この主張はすでに国内で支持を広げつつあった。人民党は一八九二年の選挙で連邦議会下院に二桁の議員を送り込み、大統領選挙でも六州で選挙人を獲得する健闘を見せる。一方民主党は、一八九三年からの恐慌の責任を問われ守勢に立たされた。そして、これが政党制全体の再編につながっていく。

共和党の多数党化

次の一八九六年大統領選挙では、南部で人民党と競合する民主党が人民党の主張を取り入れて銀貨鋳造への支持を打ち出した。さらに大統領候補には、「人類を金の十字架にかけてはなりません」と全国党大会で訴えて金本位制を攻撃した西部のネブラスカ州のウィリアム・ジェニングス・ブライアンを据える。彼の宗教色の強い表現にも表れているように、民主党はキリスト教に基づく社会的伝統の重要性や、農業を守るための関税引き下げも強調して、農民に徹底的にアピールした。

自分たちの主張を民主党に乗っ取られる形となった人民党は、検討の末に大統領候補としてはブライアンを候補に指名する。ただし、副大統領には自党のトム・ワトソンを独自候補に立てて存在感を維持しようとした。

対する共和党は、南北戦争に従軍後、連邦下院議員とオハイオ州知事を歴任したウィリアム・マッキンリーを大統領候補とする。そして工業と金融を発展させてヨーロッパの列強と競争していくことの重要性を訴え、保護関税と国際標準である金本位制を堅持すべきだという従来からの主張を繰り返して、財界や都市住民の支持を求めた。

結局、この年の選挙は共和党の圧勝に終わる。人民党は解体し、支持者の多くは民主党に移っていく。この選挙以降、共和党が東西両海岸と中西部の都市部を、民主党が南部および西部の内陸部の農村地域を押さえた（226頁の6-1参照）。この時期までに西部の開拓が一段落し、都市部の人口が農村部を上回るようになっていたことが共和党の優位につながった。

この新たな政党制を第四次政党制といい、財界と都市住民の支持を背景とした共和党の優位を特徴に、一九二〇年代末まで続くことになる。

革新主義時代の幕開け

人民党は敗北したが、一九世紀末からは政治や経済のあり方にさまざまな批判が高まり、それが多大な影響力を発揮して重要な改革が実現していく。

一九世紀後半には自然・社会科学が発展し、大学などの研究機関や学会が整備されていった。高等教育の恩恵を受けた中産階級を中心に、人間の知性や理性への信頼が盛り上がり、各種の専門知識を社会変革のために活用すべきだという気運が高まっていく。

こうした考えに基づいてさまざまな分野で活動した人々は、自分たちを「革新派（progressives）」と呼んだ。革新派は、社会の諸問題の解決に政府の力が不可欠だと考えるようになり、これはのちのリベラリズムに受け継がれる。彼らの主張は、体系的な思想やイデオロギーではなかったものの、「革新主義（progressivism）」と総称された。それが影響力を発揮した一九世紀末からアメリカが第一次世界大戦に参戦するまでの時期は、「革新主義時代」と呼ばれている。

革新派のさきがけとなったのは、「マックレーカー」（汚物を掃除する人）と呼ばれた、調査報道を通じて社会や経済の暗部を明るみに出そうとするジャーナリストや、各種の社会改革運動の活動家たちであった。革新主義はやがて政党政治にも浸透し、二大政党のそれぞれで革新派が存在感を発揮するようになる。また中西部では、農民や労働者の運動が少数党の民主党の革新派と協力して第三党を結成し、ミネソタ州などで一時多数派を占めた。

革新派の影響は、貧困や公衆衛生といった都市問題の解決など地方レベルの変革に始まり、州や連邦レベルへ波及していった。また革新派は、二大政党がいずれも党の利益ばかり追求して政策を顧みていないとして、政党政治家以外の主体がより大きな役割を果たせるような政治改革を目指した。これらの改革には政党や選挙に関わる重要なものが多く含まれ、以後の政党政治のあり方を大きく規定する。

統治機構改革と民主化改革

具体的に改革を見てみよう。一つ目に、政策形成にあたって専門家や有権者の影響力を強めるものが挙げられる。

専門家については、都市レベルでマシーンが排除される一方で市支配人制度が導入される。これは、都市経営が政党政治になじまないという考えから、市長に代えて市議会に任命される都市経営の専門家を行政の責任者に据えるものである。今日では、全国の都市の約半数がこの制度を採用している。また州と連邦レベルでは、のちに見るように専門知識を持つ行政機関の官僚に大きな裁量を与えて規制政策などを執行させる行政国家化が進む。

対して、市民の政策形成への参加を拡大する改革として、都市と州レベルでのいわゆる直接民主主義的な制度の導入がある。一定数の市民の申し立てによって立法や条例が正式に提案されるイニシアティヴ、同様の申し立てにより、現職の公職者の更迭が提案され、住民投票でその是非を決めるリコール、また議会が政策を提案し、その採否を住民投票で決めるレファレンダムがよく知られている。今日では、ほぼすべての州にこうした制度が存在する。

二つ目に、選挙に関わる民主化改革が挙げられる。連邦レベルの選挙のルールも、多くが州レベルで定められる。そのためこの改革は絶大な影響を持つことになる。

まず、連邦上院議員が州議会による選出から有権者の直接選挙に変わった。それまでも、州議会による選出は非民主的だという批判から、一部の州では各党が州議会で推すべき候補者を党の実施する予備選挙で決定するなどの動きがあった。一八九二年には、人民党が全国党綱領で直接選挙への移行を掲げている。

革新派はこの流れを引き継ぎ、一九〇七年にオレゴン州で初めて直接選挙が採用された。その後多数の州がこれに追随しただけでなく、合衆国憲法の修正に向けた要望を出したことで、一九一三年に合衆国憲法第一七修正が成立して、全国で連邦上院議員の選出が直接選挙に移行する。

次に、秘密投票の導入がある。先述したように、それまで有権者は政党の用意した投票用紙を公衆の面前で投じていた。これを改めて、政府の作成する投票用紙上の候補者から選ぶ形で他人の目に触れずに投票できるようにしたのである。一八八〇年代後半から地方レベルで導入が始まって以降一気に拡大し、一八九二年には七割以上の州で、一九一六年には二州を除く全州に広まった。発祥国の名から、「オーストラリア方式」と呼ばれるが、有権者が支持政党に異議申し立てを行うのが格段に容易になった。

アメリカ独自の選挙制度改革

しかし、間接選挙から直接選挙への移行や秘密投票の導入は、他の国々でも広く見られる。対して次に見る二つの選挙制度改革は、アメリカが唯一ではないにしても、かなり独特なものである。

第一は有権者登録制度の導入である。これは、州あるいは地方政府への事前登録を投票の要件にするものである。一八九〇年代から各地で導入が進み、一九一〇年代には大半の州に普及したと見られている。

本書の執筆時点でも、有権者登録制度はノースダコタ州以外の全州に何らかの形で存在する。今日、大統領選挙の投票率は六割前後で、先進国のなかで高いほうとはいえない。しかし、国勢調査局のデータを見ると、二〇一六年一一月時点の有権者登録率は全国で約七割である。つまり、登録者はその大多数が投票していることになる。

有権者登録の手間が投票率を押し下げるのは明らかである。市民の政治参加を拡大しようとした革新派が、それと逆行する、投票のハードルを引き上げるような改革を進めたのには理由がある。彼らは、アメリカに来たばかりの移民など多くの有権者が、政党に動員されるがまま投票していると問題視していた。とくに一九世紀後半に激増した中東欧やロシアなどからの「新移民」には、英語を解さない者や、カトリックやギリシャ正教といった非プロテスタントの信者も多かった。革新派は、彼らがアメリカ社会に順応できていないのではないかと懸念していた。

革新派は、政治参加に最低限の知性や知識が求められると考えていた。事前登録制にすれば、そうした有資格者だけが投票すると期待された。革新派は、今日のリベラルのさきがけとなる政治勢力である。しかし、リベラルが人種や性などによる差別の克服を重視するのに対して、南部の革新派が人種隔離を支持したことに示されるように、革新派には差別に無頓着な者が多かった。

第二の改革は、直接予備選挙制度の導入である。序章でも見たように、これは本選挙に向けた各政党の候補者の決定手段を、それまでの党大会から州政府の実施する予備選挙に変更するものである。一九世紀後半から、ペンシルヴェニア州などで政党が独自に予備選挙を実施することはあった。しかし、革新派が州政府の管理する予備選挙を推進し、一九〇四年にウィスコンシン州で導入されると全国に急速に広がった。

これ以降、選挙で選ばれる公職は連邦と州の別を問わずほとんどが予備選挙の対象となっていく。なお、どの政党の予備選挙で投票するかを有権者登録の際に併せて登録させる州が多く、この登録が政党支持の証と位置づけられることもある。

誰が投票できるかなど、予備選挙の形態は州ごとに決められるため、その方式はきわめて多様である。また大統領選挙の予備選挙は、一九二〇年代以降一旦下火になり、七〇年代に復活して全国に浸透する（155頁4‐1参照）。

一党支配の南部では、民主党の予備選挙がその後の本選挙よりも実質的な意味を持つようになる。しかし、多くの州では予備選挙での投票が白人有権者に限られ、一九四四年の最高裁判決で違憲とされるまで続いた。

二大政党はなぜ選挙制度改革を受け入れたのか

ここまで見た一連の選挙制度改革は以後定着し、革新主義時代に現代の政党政治を支える制度が出そろったといえる。しかし二大政党の政治家たちは、なぜ革新派の提唱する、政党政治家の権力を弱める改革を受け入れたのだろうか。とくに、選挙における候補者の決定は、政党指導者にとって党内を統制するうえで死活的に重要な権力である。二〇世紀末から予備選挙制度を採用する国が増えているが、必ずしも政府が実施するわけではない。

実は、これら一連の制度改革には二大政党の政治家にもメリットがあった。秘密投票と直接予備選挙制度は、二大政党を公式の政治制度に組み込み、第三党を選挙から排除する効果を持ったのである。

政府が投票用紙を管理する場合、用紙の大きさの制約上、記載する候補者を絞る必要がある。州議会で立法にあたった議員はほとんどが二大政党の所属であり、前回の選挙で一定数の票を得ている（主要）政党以外から立候補するには、選挙前に一定数の署名を集めるなどの条件が課された。

他方、直接予備選挙制度は、二大政党の主流派の政治家にとって党大会制度よりも有利な面もあると見られた。党大会では、党内の少数派が代議員たちに裏から手を回して候補選出で番狂わせを起こしてしまうことがあった。多数派の政治家は、予備選挙になれば自分たちの推す候補者が順当に勝利すると期待したのである。なお予備選挙についても、党組織は特定の候補に支持を表明するなど、選挙戦に一定程度関与できる。

直接予備選挙制度はまた、秘密投票と組み合わさって長期的にそれまでのような第三党の登場を抑制する効果もあったと見られる。予備選挙には事実上誰でも立候補できるため、第三党を組織するよりも支持層の重なる主要政党の予備選挙に立候補した方が勝てる見込みが大きい。二〇世紀を通じて、社会運動や利益団体は予備選挙への参加を含め二大政党を通じて政策の実現を目指す傾向を強めていく。

これらの制度変更は、長期的に政党政治のあり方を大きく変化させた。とくに直接予備選挙制度は、民主・共和の二大政党の存在を所与のものにした一方、それらに外部の主体が加わることを容易にした。これ以降のアメリカ政治における政党制の変容は、一九世紀半ばのような主要政党の交代でなく、主要政党を支える勢力の変化という形で生じることになる。

革新主義に基づく諸改革は、どの州でも同じペースで進んだわけではない。先行する州を他州が模倣する形で、政策の伝播《でんぱ》が進んだ。

牽引役を果たした州として、中西部のウィスコンシンがある。一九〇一年に就任した共和党のロバート・ラフォレット知事の下、同党の革新派が影響力を発揮し、鉄道規制や労働者の権利保護などに加え、連邦上院議員の直接選挙や直接予備選挙制度といった選挙制度改革を推進したのである。ラフォレットは一九〇六年に連邦上院議員に選出され、連邦レベルでも革新主義的な改革に大きな役割を果たす。

3 現代政党政治の到来とニューディール

連邦レベルの革新主義的改革

連邦レベルの政治では、地方や州レベルに比べて、党益を重視して革新派の掲げる改革に反対する各党の守旧派の影響力が強かった。一九〇〇年の大統領選挙で、二大政党のいずれでも革新派が候補を出せず、マッキンリーとブライアンの再戦となったのはその反映である。

ただし、共和党はこの年シオドア・ローズヴェルトを副大統領候補に据え、党内外の革新派の支持を獲得しようとした。彼は一八九八年の対スペイン戦争で騎兵隊を率いて国民的人気を得た後、ニューヨーク州知事として革新主義的改革を推進していた。そして、再選を果たしたマッキンリーが一九〇一年九月に無政府主義者に暗殺されたことで、ローズヴェルトが四二歳の史上最年少で副大統領から昇格する形で大統領となり、革新派が政権の座についたのである。

一九世紀の「政党の時代」の大統領は、所属政党の指導者に従属しがちであった。対してローズヴェルトは、積極的に政策形成の主導権を握ろうとした。彼は、財界とのつながりを重視する守旧派の反対を意に介さず、大企業を優遇しない「スクエア・ディール（公正な扱い)」をスローガンに掲げた。鉄道運賃規制の強化や、一八九〇年のシャーマン反トラスト法に基づいて、公正取引を阻害するような企業合同の取り締まりを進めて大衆から人気を博し、一九〇四年の大統領選挙に勝利する。

次の一九〇八年大統領選挙にあたり、ローズヴェルトは長期政権が望ましくないと考え引退を決め、ウィリアム・ハワード・タフトを後継に推した。タフトの当選と大統領就任を見届けると、彼はアフリカに猛獣狩りの旅に出る。しかし、タフト政権が守旧派と妥協的になり、革新主義的改革が停滞したと見るや、ローズヴェルトは一九一二年にタフトの再選を阻むべく共和党の候補指名に名乗りを上げた。

T・ローズヴェルト

大衆的人気を誇るローズヴェルトは、全国党大会で代議員が支持すべき大統領候補者を予備選挙で選出する、一部の州では勝利した。しかし結局、党の指導者に支持されたタフトが再指名を勝ち取った。するとローズヴェルトは、「革新党」を立ち上げてその大統領候補となったのである。

他方で民主党は、革新派を取り込んで一九世紀末からの劣勢を跳ね返すべく、プリンストン大学学長からニュージャージー州知事に転じ、革新派として支持されていた政治学者のウッドロウ・ウィルソンを擁立する。ヴァジニア州生まれの彼は、南北戦争後初の、南部出身の民主党大統領候補となる。

三つ巴の一九一二年大統領選挙は、実質的にはローズヴェルトとウィルソンの一騎打ちとなった。共和党支持者の票がタフトとローズヴェルトに割れたことで、ウィルソンが一般投票の得票こそ四二％弱にとどまったものの、大統領選挙人票で圧勝して勝利した。民主党にとって、二〇年ぶりの勝利であった。

革新党と社会党

ローズヴェルトは敗れたものの、革新党は一九一二年の選挙で連邦と州レベルの選挙に幅広く候補者を立てた。連邦議会上院に一名、下院に一〇名を当選させるなど第三党としては大きな成果を上げる。次の一九一四年選挙でも、五名が連邦議会下院に当選し、次に見る革新主義的改革に貢献する。

しかし、一九一六年にローズヴェルトが共和党を支持して革新党からの再指名を拒否すると、革新党は解体に向かい、多くの政治家は共和党に戻っていった。二〇世紀以降、主要政党の大統領候補指名を逃した政治家の個人政党の形をとる第三党が多数登場するが、革新党はその先駆的存在といえる。

一九一二年の大統領選挙では、もう一つ第三党が注目された。アメリカ社会党のユージーン・デブスが、三度目の立候補にして一般投票で六％を得たのである。南北戦争後、労働騎士団に代表される労働組合組織が発展し、労働争議が拡大した一八八〇年代には政党の結成も試みられた。すでに二大政党に強い愛着を持っていた労働者を取り込むのは難しかったが、製造業の盛んな地域では、市長選など地方レベルの選挙に勝利することもあった。一九〇一年に、こうした労働運動と社会主義者、それに革新派の一部などが連帯して結成したのがアメリカ社会党である。

ただし、党内や支持者の間で社会主義思想が共有されていたとはいえない。アメリカ社会党はウィスコンシン州のミルウォーキーで人気を集め、一九一〇年にヴィクター・バーガーを党から初めて連邦下院議員に当選させるなどして注目された。しかし、のちに「下水道社会主義」と呼ばれたように、労働者や農民の境遇改善や、インフラ整備を始めとする都市問題の解決といった、具体的な課題の克服への期待から支持された面が大きかった。

アメリカでは、先進国のなかでも例外的に社会主義や社会主義政党の人気が低い。早期に（白人男子）普通選挙が実現し、労働者が二大政党にとりこまれたこと、社会主義の発展段階論がアメリカに当てはまらないと捉えられたことなどがその理由として指摘されている。

ウィルソン政権と革新主義時代の終わり

ウィルソン政権の下で、連邦レベルの革新主義的改革は行政国家化という形で最高潮に達した。アメリカの行政機構の特徴は、国務省や財務省といった一般の省庁以外に、大きな裁量を与えられて自律的に重要な規制政策を執行する、複数の委員からなる独立規制委員会の制度が発達した点にある。

連邦政府で初の独立規制委員会は、一八八七年に鉄道運賃規制のために設置された州際通商委員会である。ウィルソンは、一九一三年に第二合衆国銀行以来の中央銀行制度であり、連邦準備制度委員会と地域ごとの連邦準備銀行からなる連邦準備制度を、一九一四年には独占禁止政策を扱う連邦取引委員会を立法で実現するなど、重要な独立規制委員会を相次いで設置させた。連邦議会でも民主党が久々に多数を占め、自党の大統領に積極的に協力した。

政治からの中立を謳う独立規制委員会では、多くの場合設置法で、一つの政党から任命できる委員が定員のぎりぎり過半数までに制限されている。これは実質的に、共和党と民主党がほぼ同数の委員を送り込むことを意味する。二大政党の均衡が政治的中立と同視され、それが法制化されるところに、いかに二大政党制の制度化が進んだかがうかがえよう。

一九一四年八月からヨーロッパを舞台に第一次世界大戦が始まると、ウィルソンは中立を表明し、一六年の大統領選挙でもそれを業績に掲げて再選を勝ち取った。しかし、それ以前から大西洋上でアメリカ人がドイツ海軍の攻撃の犠牲になっており、また戦後の講和に影響を及ぼすねらいもあって、ウィルソンは連合国側について参戦に踏み切った。一九一七年四月、宣戦布告の合同決議は議会で超党派の圧倒的な支持を受けて成立する。

翌年の終戦まで、国内では戦時産業局に代表される新たな行政機関が作られ、大量の国債が発行されるなどして、徹底的な動員が進んだ。この時期のさらなる行政国家化は、一九二九年に始まる大恐慌への対策の重要な先例となる。しかし、第一次世界大戦を経て革新主義の気運は失われていき、第四次政党制の特徴である共和党の優位も復活する。

一九二〇年大統領選挙では、共和党のウォレン・ハーディングが「平常への復帰」を訴えて当選した。ハーディングと、彼が一九二三年に病死した後に政権を引き継ぎ一九二四年大統領選挙でも勝利したカルヴィン・クーリッジはいずれも守旧派で、好景気が続いたこともあり、革新主義と対照的に政府の関与に抑制的であった。

W・ウィルソン

経済成長もあって、都市部は開放的な雰囲気となり、「フラッパー」と呼ばれる奔放な若い女性が登場し、南部から北部に移住してきた黒人の音楽などの文化が発展するなどした。しかし、社会全体は保守的であった。一九一七年のソ連成立を受けて、ウィルソン政権以降、社会主義者や無政府主義者の取り締まりが強化され、労働運動への抑圧も強まる。一九二四年には、アジアからの移民を禁じ、中東欧からの移民を大幅に制限する移民法も成立した。そこで導入された出身国別の移民数割当て制度は、一九六五年まで存続する。

有権者の政治離れと政党離れ

政党政治家が攻撃された革新主義時代を経て、「政党の時代」は終わりを迎え、人々の政党離れと政治離れが進んだ。それは、先述した有権者登録や予備選挙などの制度変化によるところが大きい。有権者登録制度は投票の手間を増やし、投票率の低下につながった。またこの間メリット・システムの導入も進み、政党が支持者に分配できる資源も、政党が選挙に使える資源も減っていた。

一九世紀末まで八割を超えることが珍しくなかった大統領選挙の投票率は、一九二〇年代半ばまでに約五割まで落ち込む。一九世紀末以降西部から進んだ女性への参政権拡大が、一九二〇年に合衆国憲法第一九修正の成立により全国で実現した。だが投票に不慣れな層が加わったことは、一時投票率を押し下げる効果も持った。第四次政党制における共和党の明らかな優位も、投票意欲を削《そ》いだ。しかし、これらの個別的要因だけでなく、次のような政党政治全体の変化の影響も大きかった。

二大政党の選挙戦の戦い方は、一九世紀までの有権者の愛党心をひたすら鼓舞するものから、候補者個人の実績や能力、そして政策方針を売り込む「教育と宣伝」重視に変わっていく。こうした変化は、大統領選挙での劣勢を克服すべく一九世紀後半に民主党が始め、やがて企業によるマーケティングの発想にも影響されて広まった。それに伴って、かつてタブー視されていた大統領候補自身による選挙戦も行われるようになる。

また従来党派性を前面に出していた新聞は、広告収入の比重の増大に伴って政党組織への依存を弱めた。購読者層を拡大するためもあって、意見表明を社説に限定する今日のような客観報道へ報道スタイルを変えていく。選挙戦やメディアの変化は、有権者がただ支持政党との一体感に従って投票するのでなく、党や候補者の政策方針などを吟味するよう促す効果を持った。

客観報道や「教育と宣伝」の選挙戦は、今日当たり前になっている。しかし、有権者が個々の政治家とその立場を把握して比較するのは骨が折れ、面白みにも欠ける。それが二〇世紀初めからの政治離れ、政党離れにつながっていったのである。

政党制再編の先触れと大恐慌

またこの間にも、政党制の変化の兆しがみられた。一九二〇年代は空前の好景気であったが、所得格差は拡大し、技術革新による大量生産によって大幅に増大した供給に消費が追いつかなくなっていた。それまで共和党を支持してきた労働者の多くは、低賃金に加え組合活動への抑圧にも不満を強めた。民主党は、従来からの支持層であったが労働人口の約四分の一まで減少していた農民に、これら都市部の労働者を加えていく。

一八九六年のブライアン以降、民主党の大統領候補者は農村地域の出身者が多かった。それが一九二八年に、ニューヨーク市出身で州知事のアル・スミスを大統領候補に選出したのはこの変化を反映している。スミスは、二大政党で初のカトリックの大統領候補でもあった。しかし、彼は共和党のハーバート・フーヴァーに大差で敗れる。

勝利したフーヴァーには大きな試練が待ち受けていた。一九二九年一〇月の株式市場の大暴落に端を発する大恐慌である。第一次世界大戦後、世界経済はアメリカに依存していたため、アメリカだけでなく世界全体が恐慌に突入していく。

恐慌の原因が大戦で疲弊していたヨーロッパ経済にあると見て、それを切り離せば景気が回復すると期待した連邦議会は、一九三〇年にフーヴァー大統領の反対を押し切ってスムート・ホーリー法で歴史的な高関税を導入した。報復関税の応酬により、世界貿易は一九三三年までに恐慌前の約三分の一まで激減する。

大恐慌時の無策な大統領として批判されがちであるが、フーヴァーは第一次世界大戦中からヨーロッパの復興に尽くした国際派であり革新派であった。大戦後、二人の共和党大統領の下で商務長官を務めた彼は、この非常事態に対処するのにうってつけの人物のはずであった。

フーヴァーは恐慌の開始当初こそ民活を重視したものの、その後はインフラの建設など公共支出を大幅に増やす。一九三二年には復興金融公社の設置など大胆な財政・金融政策を主導して、州や地方政府への財政支援に加え、銀行や企業に大規模な融資を行った。この公社を含め、これらの恐慌対策は多くが次の政権に引き継がれる。

しかし、当時としては大胆な対策でも恐慌の悪化は防げなかった。一九三二年には失業率が二五％近くに達し、工業生産も恐慌前から半分近く下落し、国民はそれをフーヴァーの責任と考えた。この年の大統領選挙で、共和党はフーヴァーを再指名したものの、彼は勝てるはずがないと考えてほとんど選挙活動を行わなかった。

他方、民主党はアル・スミスの次のニューヨーク州知事で、雇用維持のための行政委員会を立ち上げるなど積極的な恐慌対策が注目されていたフランクリン・Ｄ・ローズヴェルト（シオドアの遠縁）を擁立する。

F・D・ローズヴェルトとニューディール政策

ローズヴェルトは、主要政党の大統領候補として史上初めて全国党大会で候補指名受諾演説を行った。彼はそこで新規まき直しを意味する「ニューディール」を掲げて、徹底的な恐慌対策を約束する。この時点では、その対策案が具体化していたわけではない。しかし、フーヴァー政権への不満から、一般投票で五七％得票し、北東部の六州を除く四二州で勝利を収めることとなる。

ただし、大統領の就任日は翌年三月四日であり、ローズヴェルトは当選から四ヵ月近く恐慌の悪化に手をこまねいていなければならなかった。この経験をきっかけに合衆国憲法が修正され、次の一九三七年以降は就任が一月二〇日となる。この憲法第二〇修正では、新しい連邦議会の開会時期もそれまでの奇数年の一二月から一月へと大幅に繰り上げられた。

一九三三年三月に発足したローズヴェルト政権は、全国の銀行を一時閉鎖して経営体力に応じて再開させることとし、前フーヴァー政権を大幅に上回る規模の財政出動を行う。そして両院が民主党の多数派となった議会に働きかけて、矢継ぎ早に大胆な対策を打っていく。

失業対策では、労働者の再教育や職の斡旋だけでなく、政府による大規模な直接雇用を実施した。また一九三三年の全国産業復興法や農業調整法によって、各業界で生産調整を行わ

F・D・ローズヴェルトによる最初の炉辺談話，1933年３月12日

せて商品や農産物の価格の下支えを図り、景気回復を目指したのである。他方、一九三四年に証券取引委員会を設置するなど、無責任な金融取引が行われないよう規制を強化した。

またローズヴェルトは、居間でおしゃべりするように国民に語りかける「炉辺談話」と呼ばれるラジオ放送を行って、人々の不安を取り去ろうとした。彼の就任時には景気が一旦底を打っていたこともあり、一連の対策によって景気は好転していく。政権の主導した恐慌対策はニューディール政策と総称され、それが続いた一九三八年頃までは「ニューディール期」と呼ばれる。

ニューディール政策は、規模だけでなく質的にもフーヴァー政権の恐慌対策と異なっていた。各業界による生産調整は、いわば一種の談合であり、通常は認められないものであった。財界にそれを認める代わりに、労働者には団結権や団体交渉権といった権利を認め、一九三五年に全国労働関係委員会を設置してそれを保障した。これにより、労働組合の組織率は大幅に増加する。また同年の社会保障法で、老齢・障碍者年金に加え、子どものいる貧困家庭への金銭的援助を制度化した。

これらの政策を通じて、連邦政府は経済がうまく回るよう監視・統制する規制国家だけでなく、人々に最低限の生活を保障するという福祉国家の役割を本格的に果たすようになった。共和党の大統領に任命された裁判官が多数派の最高裁は、一時ニューディール政策に違憲判決を出したが、一九三七年以降合憲に転じていき、これは「憲法革命」といわれる。

「ニューディール連合」の成立——民主党の多数党化

ローズヴェルトは一九三六年の大統領選挙で、一般投票で六〇%を獲得し、二州を除く全州で勝利して再選された。民主党は農民、労働者、黒人、都市住民といったニューディール政策の受益者の支持を固めていく。これに、連邦政府が大きな役割を担うことに批判的ながら、南北戦争以来の反共和党感情から民主党を支持し続けた南部と合わせて「ニューディール連合」と呼ばれる支持層が成立する。

対する共和党は、財界とのつながりもあって恐慌に適切に対応できなかったというイメージが付き、少数派に転落した。ニューディール以後、民主党が安定的に多数派を占めた一九六〇年代頃までの政党制は、第五次政党制と呼ばれる。

ニューディール政策には、反対も出た。共和党および南部の民主党の政治家は、連邦政府の規模と役割の大幅な拡大を社会主義的だと攻撃した。ローズヴェルトは一九三八年の連邦議会選挙に際して、政権に非協力的な民主党議員を「パージ」すべく予備選挙の選挙戦に介入したが、失敗に終わっている。しかし、反対派も地元経済の回復のためにニューディール政策のもたらす恩恵を必要としており、この時期の抵抗は限定的であった。

アメリカ経済が徐々に回復し始めたその頃、国外ではドイツのナチズムなど全体主義が猛威を振るい、一九三九年には第二次世界大戦が始まる。しかしアメリカ世論は、ヨーロッパが前の大戦の悲惨な経験に学ばなかったという落胆もあり、孤立主義に陥っていた。アメリカが積極的に枢軸国に対抗すべきと考えるローズヴェルトは、政権にとどまることを決意する。彼は二期で退任するというジョージ・ワシントン以来の大統領の不文律を破り、一九四〇年大統領選挙に出馬して勝利した。

ローズヴェルト政権による連合国への支援や参戦を見据えた動員の強化には、共和党などから独裁的だと非難の声も上がった。しかし、一九四一年一二月の日本の真珠湾攻撃によって情勢は一変する。連邦議会はただちに対日宣戦布告の決議を通過させたが、反対に回ったのは史上初の女性連邦議会議員で、第一次世界大戦の宣戦布告決議にも反対票を投じた平和主義者のジャネット・ランキン下院議員のみであった。その数日後に行われたドイツおよびイタリアへの宣戦布告は、ランキンが棄権したこともあり満場一致で成立している。

そこに象徴されたように、ローズヴェルト政権は超党派の支持を得て、戦争を遂行していった。第一次世界大戦を大幅に上回る犠牲を出しながらも、ローズヴェルトは一九四四年大統領選挙で四選を果たし、アメリカを戦争終結に導いていく。

第4章　リベラル優位の時代——戦後〜一九七〇年代

1　多様性を抱える二大政党の競争と協調

戦後政党政治の特徴

第二次世界大戦後の半世紀の政党政治は、その前半と後半で対照的な展開を見せた。前半には、多数派の民主党を中心に、ローズヴェルトらニューディールの立役者たちが「リベラリズム」と呼んだ考え方と、それに沿った政策を支持するリベラルたちが大きな影響力を持ち、リベラル・コンセンサスがあったとまでいわれる。

このリベラリズムは自由主義の一種であり、それまで支配的だった古典的自由主義と同様、個人の自由と多様な価値観を尊重する。他方、所得格差の固定化や拡大、また不景気や恐慌に代表される「市場の失敗」のように、個人の努力で乗り越えられない問題の解消に政府の介入を認める点が新しかった。第二次世界大戦後、リベラリズムは経済的争点だけでなく、人種や性別に基づく差別の克服といった、社会文化的争点にも影響を与えるようになる。

それに対して、一九七〇年代以降の後半は、リベラリズムに基づく政策が限界に突きあたる。経済・社会文化両面のリベラリズムに反対するという意味で保守的な勢力が共和党に結集し、党の主導権を握るようになる。一九九〇年代には、イデオロギー的に対立する二大政党が全国的な拮抗状態に入っていく。本章では、二大政党の分極化が始まった一九七〇年代までを扱う。

戦後の政党政治を見る際に注意を要するのは、ニューディールを経て連邦政府、とくに大統領の政治的位置づけが大きく変わったことである。

一九世紀の「政党の時代」の大統領は、リンカンなどの例外を除き政策的主導権を握ることがまれであった。二〇世紀に入ってシオドア・ローズヴェルトやウィルソンのように独自の政策課題を追求する大統領が現れたが、全員がそうだったわけではない。

しかし、大恐慌以後は、連邦政府が国内の社会経済的課題に対応することが当然視されるようになり、それに必要な権限をもつと考えられるようになった。大統領にも、積極的に政策課題や政策案を提示することが期待されるようになる。一九三九年には、大統領の手足となって意思決定を補佐する大統領府が設置される。また一九二〇年代にはラジオ、五〇年代以降はテレビが普及した。大統領は国民に直接働きかけられるようになり、大統領が影響力行使に利用できる手段も充実していった。

他方で、大統領の権限は増えていないから、思い通りに政治を動かせるわけではない。しかし、第二次世界大戦後には大統領が政治全体のいわば「音頭取り」として、それまでにも増して存在感を発揮するようになる。

リベラリズムの浸透

一九四五年四月、前年の大統領選挙で勝利して四期目に入って間もないフランクリン・ローズヴェルト大統領が、間近に迫っていた大戦の終結を見届けることなく死去した。リベラリズムに基づく彼の政策方針は、副大統領から昇格したハリー・トルーマンに受け継がれる。ローズヴェルトの方針が示されたのが、一九四四年一月に行った一般教書演説である。これは毎年大統領が議会にアメリカの現状を報告し、施政方針を明らかにするものである。彼はそこで、国民に教育、労働、福祉や年金といった、幸福の追求に不可欠な権利を保障するべきだと訴えた。ローズヴェルトはこれを「第二の権利章典」と名付け、議会にその実現を促した。

大統領となったトルーマンは、終戦直後の一九四五年九月に行った議会演説で、ローズヴェルトの構想に戦後復興と国力増強を組み合わせた二一点の政策構想を示した。それらを整理・発展させたものが「フェア・ディール（公平な扱い）」と呼ばれ、一九四八年大統領選挙で勝利した翌年一月の一般教書演説で提示される。そこでは、国民皆保険の実現、教育への助成、黒人への投票権差別の是正など、連邦政府に新たな役割を与える政策が含まれていた。しかし、最低賃金の引き上げや住宅供給の拡大などを除き、これらの野心的な政策案はほとんど実現しなかった。翌一九五〇年から朝鮮戦争が始まって政策の優先順位が変わったこともあったが、構造的な要因として南部の抵抗があった。

民主党内の南北摩擦

民主党内では、北部ではリベラルが圧倒的に優勢となったが、南部はニューディール以降も連邦政府の役割の拡大に反対し続けた。連邦議会では、共和党と南部の民主党議員が手を組んでリベラルな内容の法案に修正を迫ったり、廃案に追い込んだりすることが目立つようになり、「保守連合」と呼ばれるようになる。

南部選出の民主党議員は、党内の少数派ながら大きな影響力を発揮できた。二〇世紀に入り、連邦議会の法案審議の中心となる委員会で、政党別に委員としての連続在任期間の長さによって先任者に高い地位を与える仕組み（先任者優先制）が定着していた。南部は民主党の一党支配だったため選出議員の在職期間が長く、大きな権限を持つ委員長職の多くが南部の民主党議員によって占められていた。

ローズヴェルトは、党内での南部の影響力を抑制しようと試みていた。一九三六年には、全国党大会で大統領候補選出に代議員の三分の二の賛成を要する規則を廃止し、過半数とすることに成功した。これにより、南部の抵抗は困難になった。しかし、すでに見たように、南部を中心とする保守的な民主党議員を予備選挙で敗退させようとする、一九三八年の試みは失敗に終わる。民主党内では北部のリベラルと南部の保守派が対立し、互いに不満を抱えるようになっていく。

一九四八年大統領選挙は、民主党内の緊張関係を象徴していた。トルーマンが候補指名を勝ち取ると、敗れたサウスカロライナ州のストロム・サーモンドが州権民主党（通称「ディクシークラット」）を、ローズヴェルトの元副大統領でリベラル左派のヘンリー・ウォレスが革新党をそれぞれ立ち上げて出馬したのである。サーモンドが南部の四州を制したため、トルーマンは勝利したものの僅差であり、一部マスメディアが誤って共和党候補のトマス・デューイの当選を報じたほどであった。

このように民主党内では政策的に相容れない勢力が対立していた。だがその分、共和党に対して圧倒的な優位を誇った。175頁の4-3に表れているように、どの政党に一体感を感じる（支持する）かを問う調査結果では、民主党への支持が戦後さらに増加する。一九六〇年頃に約半数が民主党、約三割が共和党と答え、民主党への支持率が二〇世紀を通じて最高潮に達する。

本書の巻末に掲載した議席分布からわかるように、第二次世界大戦から一九八〇年代までに、共和党が連邦議会の両院で多数派を握ったのは一九五〇年代前半までの二度にすぎない。共和党は大統領選挙ではまだ勝ち目があったものの、それは候補者が非常に魅力的か、民主党が弱みを抱えるときに限られた。

二大政党間のイデオロギー的重なり

ニューディールから一九五〇年代頃までの、連邦政府におけるリベラル対保守の対立は、産業規制や福祉といった主に経済的な争点に限られた。それぞれにさまざまな勢力が同居する二大政党間の対立の度合いも、大きくなかった。

一九五二年大統領選挙で、共和党は第二次世界大戦の英雄であるドワイト・アイゼンハワーを擁立し、ほぼ四半世紀ぶりに勝利した。しかし、アイゼンハワーはリベラル路線から転換しようとせず、二期続いた政権で、老齢年金などの福祉国家的な政策についてむしろ拡充を図った。当時はアメリカの高度経済成長期で、財政に余裕があっただけでなく、共和党内にも有力なリベラル派が存在し、ニューディールの成果が広く受け入れられていたのである。

他方、社会文化的な対立では、南部を抱える民主党に比べ共和党のほうが、価値観の多様性や人種間の平等を重視するリベラルな態度をとるほどであった。最もはっきりとイデオロギー対立が表れるとされる、人工妊娠中絶の是非に関しても、共和党のほうが支持者も含め中絶に寛容だった。

黒人への差別はアメリカ全土に見られたが、人種隔離が法制化されていた南部でとくに厳しかった。二〇世紀前半には、二つの世界大戦の際に工場などで労働力需要が高まったこともあり、五〇〇万人以上の黒人が北部へ移動した。第二次世界大戦には黒人兵も多く出征し、枢軸国の全体主義への勝利に加え、国内の人種差別の克服という「二つのV（勝利）」を掲げて戦う。ローズヴェルトは軍内部の人種差別の廃絶を試みたが、実現は容易でなかった。

それに対して、共和党の人種差別への反対は明らかであった。ニューディールを期に民主党支持に転じていく前、北部の黒人は「リンカンの党」である共和党を支持していた。一九五四年には最高裁が、公立学校の人種隔離を違憲とするブラウン対トピカ教育委員会事件判決を下す。この判決をとりまとめたアール・ウォレン首席裁判官は、アイゼンハワーが任命した元カリフォルニア州知事で、一九四八年には副大統領候補にもなった共和党の主流の政治家であった。最高裁はこれ以降も多くの分野でリベラルな内容の判決を出していく。

このブラウン判決によって南部の白人が態度を硬化させ、差別も強まるなか、一九五七年に再建期以来約八〇年ぶりに新しい市民的権利法が成立した。これは黒人の投票権を保障するために連邦政府の介入を認めるものであったが、民主党内では南部の議員が反対に回った結果、共和党議員が賛成率で上回った。

第二次世界大戦後の四半世紀は、二大政党間でイデオロギーの対立よりも重なりが目立った。それは、政策形成のあり方にも影響を及ぼした。連邦議会では、委員会内の活動を通じて専門知識を身に付けた議員たちが、党を超えて協力しながら立法を進めるのが通例であった。この時期には数多くの重要立法が成立したが、大半が両党の多数派の賛成で成立している。拒否権を持つ大統領の意向が考慮されたのに加え、両党のイデオロギー的重なりが大きく、超党派で立法を進める姿勢も強かったからである。

冷戦コンセンサス

二大政党で方針の類似性がとくに顕著だったのが、対外政策である。一九世紀のモンロー・ドクトリンについてもそうだったように、内政に比べて対外政策は伝統的に政党間対立が少なかった。

トルーマン政権は第二次世界大戦後、自由主義と民主主義の盟主として、ソ連による共産圏の拡大への「封じ込め」政策をとり、東西冷戦を戦う方針を固めた。マーシャル・プランを始め西側諸国の復興を援助し、国際通貨基金や世界銀行といった国際金融のインフラを整備するなど進んで公共財を提供し、北大西洋条約機構（ＮＡＴＯ）を皮切りに多くの軍事同盟を結んでいく。

かつて第一次世界大戦後、民主党のウィルソン大統領が独断で講和を進めたことは、議会共和党との溝を生み、アメリカが自ら提案した国際連盟に加盟できない一因となった。トルーマンは第二次世界大戦の戦後処理に共和党議員を関与させ、共和党も政権の冷戦政策を支持した。次のアイゼンハワー政権は封じ込め政策を継承し、その長期化も見越して軍備に占める核兵器の比重を増やす「ニュールック戦略」を採用する。

冷戦は軍事的対立だけでなくイデオロギー対立でもあったが、共産主義への脅威認識も党を超えて共有された。終戦後間もなく始まった「赤狩り」はその象徴である。共和党のジョゼフ・マッカーシー上院議員は、一九五〇年に国務省内に多数の共産主義者がいると主張して告発を始めたが、政府内外の人々を攻撃するマッカーシイズムは超党派で進んだ。一九五四年に国内の共産党を非合法化する共産党統制法が成立した際も、反対したのは下院の二名だけであった。

このように、戦後の二大政党には大統領を支えて国内外で徹底的に冷戦を戦うという合意があった。これを「冷戦コンセンサス」という。

政党内の多様性の存続

経済、社会文化、対外政策のどの分野をとっても、第二次世界大戦後の二大政党に明確な方針の違いはなく、それはアメリカの政党にとって普通のことであった。しかし、アメリカ政治学会（APSA）の「政党に関する委員会」は、一九五〇年に「より責任ある二党制に向けて」と題する報告書を発表し、二大政党に現状を改めるよう勧告した。

この報告書は、次のように状況を分析している。アメリカの政党は南北戦争の前から変わらず、連邦制の構造を反映した自律的な地方別組織の連合体である。各政党は党全体としても、また連邦議会のなかでも政策的なまとまりがない。選挙に際しても、二つの政党は違いを出せておらず、選挙結果が出てもどんな政策が支持されたのかが定かでない。

政治学者たちがここへきてこのような指摘をしたのは、ニューディール以降連邦政府の役割が劇的に大きくなったからであった。統治が効果的に行われるには、個別の政策の完成度だけでなく、異なる政策間の一貫性が重要となる。現代の政府の活動は広範囲にわたるため、分野ごとの対応がバラバラでは不十分だというのである。

「政党に関する委員会」によれば、政権党は政策方針を明確にして有権者に責任を負い、対立政党はそれを批判して代替案を提示すべきである。そうすれば、有権者も地縁や個人的つながりでなく、政策本位で支持政党を決められる。こうした目標を達成するため、各政党が党全体としても、連邦議会の各議院のなかでも集権性を強化し、政策方針を検討する恒常的組織を設置すべきだとされた。

しかし、一九世紀から変わらぬ政党の形態を、二〇世紀の政治に対応したものに変革するよう求めた提言は実現しなかった。端的にいって、政党側にそうする動機がなかったからである。

連邦議会議員は、予備選挙で党の候補者になっていたから、再選されるには党の指導者よりも地元の支持者に評価される必要がある。党の集権化と規律の強化は、個々の政治家にも党勢を大きくしたい党全体にも不都合だった。そのことは、当時の民主党での保守とリベラルの共存を見れば明らかであろう。

民主・共和の二大政党は、その後も分権的な組織構造を維持する。しかし両党はやがて、「政党に関する委員会」の期待とは異なる形で、政策的立場を大きく違えていくことになる。その転機になったのが、一九六〇年代の一連の政治社会変動であった。

2　転換期の一九六〇年代――ケネディ～ニクソン政権期

ケネディ政権の諸政策

一九六〇年大統領選挙では、民主党のジョン・F・ケネディ上院議員がアイゼンハワー政権のリチャード・ニクソン副大統領を僅差で破った。四三歳のケネディはケネディ家の富とコネクション、そしてその新鮮な魅力を武器に、再び各州で採用され始めていた予備選挙で勢いを付けて候補指名を獲得した。彼は、指名を争ったリンドン・B・ジョンソン上院議員を副大統領候補に推し、認められる。

北東部のマサチューセッツ州出身で、政治家としてのキャリアの浅いケネディは、南部のテキサス州の出で、連邦議会上院で最も影響力の大きな多数党院内総務まで務めたベテランと組んで、幅広い支持を獲得しようとした。それまで、副大統領候補は大統領候補との地域バランスなどを考慮して全国党大会で選ばれていたが、これ以降徐々に大統領候補による指名が慣行となる。

この年の選挙では、初めて二大政党の大統領候補同士の討論会が行われ、ラジオおよび当時普及の進んでいたテレビで中継されて注目を集めた。下馬評では、連邦下院・上院議員に加え副大統領を二期務めたニクソンの有利であった。ところがテレビ映りの対策を怠った彼は弱々しい印象を与えてしまい、ケネディの支持率が上がる一因になった。

一九六〇年の選挙によって、八年ぶりに民主党の統一政府が実現した。ケネディと、一九

上／民主党候補のJ・F・ケネディ（左）と共和党候補のR・ニクソン　大統領候補による初のテレビ討論会で，1960年．グレーのスーツを着たニクソンは，背景に溶けこんでしまっている．　**下／市民的権利運動のデモ，アラバマ州バーミンガム，1963年**　1950年代以降人種差別の撤廃を求めた市民的権利運動が新たな盛り上がりを見せた

六三年末に彼が暗殺された後に大統領に昇格したジョンソンは、連邦議会など他の政府機関の意向にとらわれず、側近と協議して独断で政策を推し進める「帝王的」な統治スタイルで知られる。彼らの下で、経済と社会文化にまたがってリベラルな政策が推進され、リベラリズムの影響が頂点を迎えた。

もともと外交への関心が強かったケネディは、アイゼンハワー政権から緊張した米ソ関係を引き継いだこともあり、対外政策に精力を注ぐ。一九六一年の政権発足直後、社会主義化したキューバに侵攻し、当時膠着状態にあったベトナム戦争に、南ベトナム軍を支援する軍事顧問団を派遣するなど関与を強めていった。

他方で、ケネディは大統領選挙の最中から性差別や人種差別の是正、また高齢者への健康保険提供といった内政上のリベラルな方針も掲げていた。政権発足後、彼はフランクリン・ローズヴェルト夫人で人権活動家のエレノア・ローズヴェルトを委員長に迎え、女性の地位に関する大統領委員会を立ち上げた。その報告も踏まえて、同一業務に対して同一賃金を義務づける平等賃金法が一九六三年に成立する。

これら内政上の課題のなかでも、人種差別は海外でも問題視され、アメリカが非白人の多い途上国を西側陣営に引き込めるかにも関わる、外交に通じる問題であった。一九六〇年以降、南部ではマーティン・ルーサー・キング・ジュニア牧師らを指導者とする、黒人の人権向上を目指す市民的権利運動（公民権運動）が新たな盛り上がりを見せていた。
南部で女性や子どもを含む、非暴力のデモ参加者たちが警官を含む白人に暴行される映像がテレビで映されると、北部の白人も当事者意識を強めていく。一九六三年六月に行った国民向けの演説で、ケネディは黒人の権利を実質的に保障する立法の実現を訴えた。しかし、同年一一月にテキサス州のダラスで暗殺される。

ジョンソン政権の政策革新

ケネディの後を受けて大統領となったジョンソンは、政権の構成員に加え政策課題も引き継いだ。彼は南部出身ながらニューディールに心酔しており、それを超える変革を目指す。就任の翌一九六四年一月に行った一般教書演説では「貧困との戦争」を宣言し、教育や福祉などを充実させて人々の暮らしを安定させるだけでなく、市民的権利の保障を通じて調和ある「偉大な社会」を生み出そうとした。

連邦議会の下院と上院に各一二年在籍したジョンソンは、立法を知り尽くしていた。また当時、民主党は上下両院で六割以上の議席を占めていた。議事手続きを支配する議会内の民主党指導部との調整や、個々の議員への働きかけを駆使して、彼は大胆な改革立法を次々に実現していく。一九六四年七月には、公共施設や学校、職場での差別的取り扱いを包括的に禁じる新たな市民的権利法が成立した。この法律には、審議の過程で人種差別に加えて性差別を禁じる条項が加えられている。

同年の大統領選挙でジョンソンが勝利し、民主党は議会でさらに議席を増やした。その翌一九六五年八月には、選挙権の差別について、連邦司法省に州を監視し必要に応じて介入する権限を与える投票権法が実現する。これ以後、黒人の投票率は急速に伸びていき、今日では白人のそれに迫っている。

同じ一九六五年には、他にも歴史的な立法が相次いだ。四月には、各州内の学校区ごとの自治が徹底してきた初等・中等教育について、教育水準の底上げと学習達成度の格差是正のために連邦政府が財政的補助を行う初等中等教育法が成立した。七月には、多数の無保険者の存在が問題視された医療保険について、とくに状況が深刻だった高齢者と低所得者向けに、それぞれメディケアとメディケイドという公的医療保険を導入する立法が成立している。

リベラル路線の挫折

一九六四年から六五年にかけて導入されたこれらの政策は、今日まで各分野の制度的な基盤をなす、きわめて重要な成果である。しかし、それだけで政権の掲げた「偉大な社会」がただちに実現するわけではない。

アメリカの国内総生産に占める連邦政府の歳出は、ニューディール後の一九四〇年の約一〇％から七〇年までにほぼ倍増した。また連邦政府による規制の量は、行政機関の設ける諸規則が掲載される連邦政府官報の各年の頁数で見ると、同じ三〇年間に約五〇〇〇頁から四倍に増えている。

しかしジョンソン政権をめぐっては、ベトナム戦争についてなど、「信頼ギャップ」つまり言行不一致が問題視されていた。そこへ政権が社会変革への期待を徹底的に煽った結果、人々は政府の肥大に結果が伴わないと不満を強める。さまざまな産業に対する規制政策も効果が疑問視され、むしろ既得権益を利しているという批判も強まった。

一九六〇年代には、社会の亀裂の拡大をうかがわせる事態が生じた。ニューヨークやロサンゼルスなど大都市の黒人中心の貧困地区で、差別的な白人の暴力に端を発する人種暴動が相次いだ。黒人のなかからはマルコム・Xやブラック・パンサー党など、事態の改善に向けた人種間の協力に懐疑的な指導者や運動組織も登場する。一九六八年には、貧困問題の克服を目指して活動していたキング牧師が白人至上主義者に暗殺された。

ジョンソン政権はベトナム戦争への介入を本格化させたが、莫大な人的・物的資源を投入しながら成果が上がらず、徴兵への反発もあって反戦運動が勢いづいた。差別や貧困などへの異議申し立てとして学園紛争も起き、ヒッピーのように既存の価値観に挑戦する対抗文化

反戦運動などの影響を受け混乱した民主党全国党大会の様子，1968年８月28日

が盛り上がった。政権への厳しい風当たりを受けて、ジョンソンはベトナム戦争の収拾に専念するとして一九六八年大統領選挙への出馬を辞退する。

この年、民主党は大混乱に陥った。六月、故ケネディ大統領の弟で大統領候補として有力視されたロバート・F・ケネディ上院議員が暗殺された。犯人は彼の親イスラエル的姿勢に反発したパレスティナ人であった。

八月の民主党全国党大会では、南部の数州から旧来の党組織と、市民的権利運動の進展を受けて黒人も参加して新しく作られた党組織の両方が代議員団を送り込み、対立が起きた。さらに、予備選挙に参加していなかったヒューバート・ハンフリー副大統領が大統領候補に選出されると、その正当性を疑問視する声が相次いだ。

直接予備選挙による大統領候補選出へ

4－1　**大統領選挙の予備選挙の実施数／予備選挙で選出された代議員が全国党大会の全代議員に占める割合**（1912～2016年）

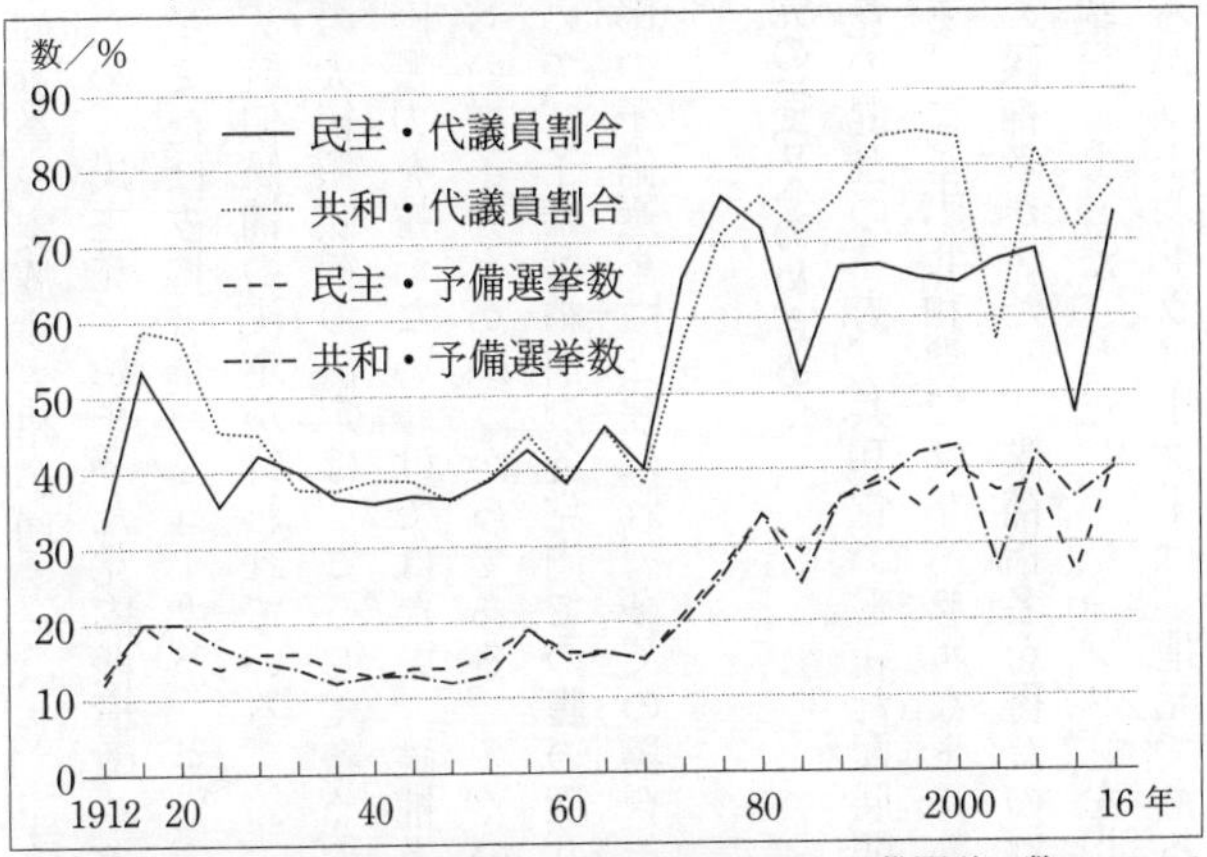

註記：横軸は大統領選挙の実施年．縦軸の単位は，予備選挙の数については実数，代議員の割合については%．全国党大会への代議員は，州以外に首都ワシントンやプエルトリコなどの自治領からも選出される．なお，とくに導入初期は予備選挙の結果が代議員を拘束しない場合も多かった
出典：下記を基に筆者作成．2012年まではHarold W. Stanley and Richard G. Niemi, eds., *Vital Statistics on American Politics, 2015-2016*（CQ Press, 2015），2016年は，The Green Papers ウェブサイトの情報を基に，予備選挙数とそこで選出され特定候補の支持を約束した代議員の割合を算出

この全国党大会への反省から、民主党全国委員会は全国党大会への代議員選出のあり方を検討する委員会を発足させる。この通称マクガヴァン＝フレイザー委員会は、一九七一年の報告書で、各州の党組織が透明性の高い手続きで代議員を選出し、また従来十分代表されてこなかった女性や黒人、そして若者を代議員に含めるべきだと提言した。

この報告を受けて、各地の民主党は州議会で立法を働きかけ、大統領選挙について予備選挙を実施する州が増えていく（4-1）。予備選挙についての州法は両党に適用されるため、民主党で始まった党内機構改革は共和党にも及んだ。以後ほとんどの地域で、予備選挙または支持者集会（コーカス）といった有権者が参加できる形で、各州の政党が支持する大統領候補の決定が行われている。

各党の大統領候補の決定は、こうして多くの部分が有権者に委ねられた。ただし、党の指導者が影響力を持たないわけではない。候補者たちは出馬を検討する段階で、党内の有力指導者たちの様子をうかがうからである。多くの候補はある程度党内で支持が得られてから出馬するので、予備選挙前の各党内での腹の探り合いは候補者の顔ぶれに影響する。この鞘当ては「影の予備選挙」と呼ばれ、多くの場合そこで有力視された候補から勝者が出る。

共和党の保守へのめざめ

民主党の混乱の一方、共和党でも新たな展開が起こる。それは前回の一九六四年大統領選挙に遡る。この年、共和党ではリベラルなネルソン・ロックフェラー・ニューヨーク州知事など複数の候補者がいたが、候補指名を得たのはきわめて保守的なバリー・ゴールドウォーター上院議員であった。ただし、ジョンソンを相手に勝ち目はないとされ、実際彼は大敗する。

ところがゴールドウォーターは、地元である南西部のアリゾナ州以外に、国民的人気を誇るアイゼンハワーでも勝てなかった、南部でも最も保守的な深南部の五州――アラバマ、ジョージア、ルイジアナ、ミシシッピ、サウスカロライナを制する。この年成立した市民的権利法に反発した白人が、ゴールドウォーターの保守性に期待して支持したのは明らかだった。真偽は定かでないが、市民的権利法の成立時、それを主導したジョンソン自身が、民主党は長い間南部を手放すことになるだろう、と述べたとされるのはこの点示唆的である。

ゴールドウォーターの選挙戦では、ある応援演説が注目を集めた。それは、この選挙がさまざまな限界を抱えるリベラルな諸政策と訣別するかどうかの「選択の時」だと訴えるものだった。この演説で政治家として知られるようになったロナルド・レーガンはもともとリベラルで、共和党支持に回ったばかりであったが、以後保守派の旗手となり一九八〇年に大統領に当選することとなる。

B・ゴールドウォーター（左）とR・レーガン（右），ロサンゼルス，1964年

一九六四年選挙を経て、共和党では南部を含む反リベラル勢力を糾合すれば万年少数党の地位を脱却できるという希望が生ま

れた。一九六八年には、ニクソンが終始最有力候補の地位を保ったまま大統領候補に指名される。彼はその後の選挙戦で、南部の保守的な白人を取り込む「南部戦略」を進めていく。

この一九六八年の大統領選挙では、南部のアラバマ州の元知事で、人種隔離政策の維持を訴えていたジョージ・ウォレスが「アメリカ独立党」を結成し、南部の五州で勝利した。しかし、ニクソンは南部の他州のほとんどを制し、民主党のハンフリーと一般投票の得票率では一％差だったものの勝利する。こうして共和党は、リベラルな北部と保守的な南部からなる民主党のニューディール連合の分断に着手する。

ニクソン政権とウォーターゲート事件

ニクソンは、民主党の諸政策で混乱したアメリカに「法と秩序」を取り戻すと宣言し、左派を敵視した。就任後、ベトナム和平を実現するという選挙時の約束に反して、一九六九年秋に戦争の継続を決める。反戦運動はさらに高揚したが、「アメリカの偉大な物言わぬ多数派（サイレント・マジョリティ）」は自分を支持するはずだと、ニクソンは意に介さなかった。結局、和平はニクソンの再選後の一九七三年まで持ちこされる。

とはいえ、ニクソン政権の政策方針は全体的には穏健であった。連邦議会議員時代に赤狩りを主導した彼は、反共の闘士として知られたものの、他の面では必ずしも保守的ではなかった。黒人や女性など差別を受けてきた人々に、就学・就職時に一定の優遇措置をとる積極的差別是正措置（アファーマティヴ・アクション）をジョンソン政権よりも進めるなど、リベラルな面も目立った。

外交でも強硬路線をとらず、中国とソ連による東側の主導権争いに乗じて、徹底したリアリズムの立場から両者と積極的に交渉した。それまで台湾を支援してきたアメリカにとって、中国との関係改善は画期的で、一九七二年には現職大統領として初の訪中が実現する。

次の一九七二年大統領選挙で、ニクソンは民主党のリベラルでも左派のジョージ・マクガヴァンを破って再選される。一般投票で六〇%を獲得し、マサチューセッツ州と首都ワシントンを除く四九州で勝利する完勝であった。

ところが、この選挙戦の最中、ニクソン陣営の関係者が、首都ワシントンのウォーターゲート・ビルにある民主党全国党委員会の事務所に盗聴器をしかけようとして逮捕された。さらに、ニクソンら政権関係者による捜査や司法手続きの妨害が明らかとなる。民主党多数の連邦議会下院の司法委員会が、大統領弾劾手続きを進めるべきだとする決定を出すと、ニクソンは一九七四年八月に大統領を辞任した。

このウォーターゲート事件によって、大統領の権威は一時期地に落ちた。以後の大統領は、他の政府機関を軽んじて「帝王的」に振る舞うわけにはいかなくなる。また共和党内では、イデオロギー的に穏健なニクソンが失脚したため、保守化の動きが加速する。次にその展開を見ていこう。

3 イデオロギー的分極化の始まり

反リベラル勢力の共和党への結集

ニューディールから二〇世紀半ばまでは、二大政党のいずれにも保守派からリベラルまでが幅広く存在した。その後一九六〇年代後半から、共和党への保守派の結集と民主党からの南部の離脱が始まり、一九七〇年代から両党のイデオロギー的な違いが徐々に顕在化する。この一九七〇年代が、二大政党のイデオロギー的な分極化の始まりとされる。

「はしがき」でも触れたように、二大政党の分極化とは、両党のイデオロギー的な隔たりが広がり、各党内のイデオロギー的まとまりが強まる、という複合的な現象を指す。いずれの政党でも、指導部の決定や指示によってイデオロギー的な凝集化が進んだわけではない。そもそも、党全体の方針を決める力を持つ指導者は存在しない。

また、分極化は各党の支持者のイデオロギー化によって起きたのでもない。二〇世紀末まで、両党の支持者には目立ったイデオロギー的な違いが見られない。それにもかかわらず、なぜ二大政党が分極化したのかという問いは、長年政治学者を悩ませてきた。分極化のメカニズムの解明はまだ続いている。しかし実態としては、党に支持勢力が加わったり離れたり、党内の個々の政治家が方向性を変えたり政治家が入れ替わったりすることで、ゆっくりと進んでいったとみられる。

分極化は、共和党側で先行した。共和党はニューディール以来、民主党に比べて政府の市場への関与に消極的であったが、党内ではリベラルも有力であった。共和党は、人種間関係など人々の生き方に関わる社会文化的争点では、民主党よりリベラルだったほどである。だが、一九六〇年代後半以降、民主党の主導したリベラルな政策に反発するさまざまな勢力が結集し、変化が始まる。

これらの勢力は、共通に保守派を標榜して連携していったが、とくに重要なのが次の三つである。

第一は、個人の政府からの自由と市場の自己調整能力を重視して、二〇世紀に拡大した規制政策や福祉国家的政策を有害と考えるオールド・ライト（旧右派）である。

第二は、人種間関係や性的役割分業などについての伝統的規範が蔑ろにされ、社会秩序が乱れたと考える伝統主義者である。

そして第三に、冷戦外交について強硬路線を主張する反共主義者が挙げられる。

共和党の保守化の動きは、さまざまな保守的な社会運動や利益団体が、時に手を組んで共和党の政治家に政策的に働きかけ、有権者を共和党に動員する形で進んだ。これらの組織の多くは、一九六〇年代の市民的権利運動などのリベラルな社会運動や利益団体の成功に反発しつつも触発され、それを真似て対抗組織化を進めて頭角を現した。

これらは政党の一部ではないが、特定の党を支援しそれを通じて目的を達成しようとする点で、ある政党の「陣営」に属する組織といえる。保守派の大同団結を目指して一九六四年に設立されたアメリカ保守連合は、一九七三年から「保守政治活動会議（CPAC）」を毎年開催している。近年は規模が拡大し、政府内外の共和党関係者とさまざまな保守運動の指導者が一堂に会する様は、保守化した共和党陣営の縮図である。

オールド・ライトと宗教右派

保守派でもとくに規模の大きいのが、オールド・ライトと宗教右派（キリスト教右翼）である。前者のオールド・ライトは、かねてより共和党を中心に政府からの自由放任を主張してきた勢力を指す。その考え方は主に、個人の自律性や市場の見えざる手の働きを重視する、古典的自由主義に基づいていた。

その主張は、政府による規制や増税を嫌う財界の利益にもかなうものであったから、オールド・ライトでは財界が大きな存在感を持ってきた。共和党は、一九世紀以来民主党よりも財界とのつながりが深かったが、こうした企業や業界団体は、以後さまざまな勢力からなる共和党の新たな保守派（オールド・ライトと区別してニュー・ライトとも呼ばれる）の構成員として、他の勢力と連携して活動するようになる。

その好例が、共和党の銃規制への反対である。二〇世紀半ばまで、銃規制の是非が政治対立を引き起こすことはほとんどなかった。しかし、ケネディ兄弟やキング牧師の暗殺をきっかけに一九六八年に銃規制法が制定され、世論の銃犯罪への不安も高まった。それに対して、さらなる規制を恐れる銃産業は、銃愛好家の会員制組織である全米ライフル協会などを通じて規制への反対活動を開始する。その際、武装の権利に関する憲法第二修正が一般人の銃の保有を保障するとして、政府からの自由を原理的に主張するようになった。

他方、社会文化的争点を中心に、共和党内で新たに存在感を発揮するようになったのが、伝統主義的な宗教右派とその運動組織である。プロテスタントのなかでも聖書の言葉を厳格に守ろうとする福音派を中心に、一部カトリックやユダヤ教の信者も加わって、一九七〇年代から人工妊娠中絶への反対や、一九六二年に最高裁が違憲とした公立学校での祈禱の容認といった保守的な立場を鮮明にして活動するようになった。

一九七九年にはジェリー・ファルウェル牧師がモラル・マジョリティ（「道徳的多数派」）、

フィリス・シュラフリー　ホワイトハウス前での反ERAデモで，1977年

八九年にはパット・ロバートソン牧師がクリスチャン・コアリション（「キリスト者連合」）を立ち上げる。これらの会員制運動組織は、保守的な立場をとるキリスト教徒の動員と共和党政治家への働きかけを通じて、彼らの考えるキリスト教の規範に基づく社会秩序の回復を目指した。いずれも数百万人の会員を集めたとされるものの、モラル・マジョリティは一九八九年に解散している。

社会文化的な争点に関する保守勢力は、宗教家だけではない。たとえば、連邦議会は一九七二年に男女を法的に平等に扱うことを義務づける合衆国憲法の平等権修正（ERA）を発議した。かねて保守的な立場で共和党内で活動してきたフィリス・シュラフリーはこれに反発し、同年イーグル・フォーラムを組織し、ERAへの反対の他、反人工妊娠中絶など社会文化的に保守の立場で活動を続けた。なお、ERAは発議時に定められた期限までに必要な数の州の批准が終わらず、近年になって新たに批准する州も現れている。

保守派の非一貫性と団結

共和党に集った諸勢力は、自分たちを「保守派（conservatives）」と呼ぶ。しかし、彼らの考え方に通常の意味でのイデオロギー的な共通性や一貫性があるわけではない。

たとえばオールド・ライトは、リベラリズムを支持するリベラルと同様、人間の能力に信頼を置く。ただし分野を問わず政府の過剰な介入と考える政策に反対する。対照的に、宗教右派などの伝統主義者は人間を堕落しやすい弱い存在と捉え、政府は非道徳的な行動を規制すべきと主張する。両者は、人間への見方や政府の役割など基本的な事柄について相容れない。したがって、保守派が常に小さな政府を支持するわけではない。

一九七〇年代以降、保守派はさらに多様化していく。新しく加わった勢力として、個人の自由を最優先し、政府の役割を最小化すべきだと考えるリバタリアンや、一九六〇年代のリベラルの行き詰まりを見てリベラル左派から保守派へと転向した新保守派（いわゆるネオコン）などがある。

共和党内が保守派で占められるようになるにつれて、諸勢力の思想を融合した保守イデオロギー、いわばアメリカ版保守主義の構築が模索されてきた。統合が必要ということは、諸勢力の考え方がもともと異なっているということに他ならない。政治的な保守とは変化に対する抵抗であるから、克服の対象となる変化が違えば抵抗のあり方が多様でも不思議はない。それに、これはリベラルにも当てはまるが、そもそも政治家を含む多くの主体はある抽象的なイデオロギーに突き動かされて行動するわけではない。二大政党の分極化では、多様な利害や理念を持つ諸主体が、二つのイデオロギーに基づいて振り分けられてきたというのが実態である。そこでイデオロギーは、各陣営の結束や動員の手段となっている面も大きい。

一九九〇年代まで、共和党の保守連合はその思想的多様性のため持続しないのではないかといわれた。しかし、保守派はその後も共和党内で結束を強め、互いの政策方針を共有していく。それには、いくつかの理由がある。

第一に、保守派の考え方や政策目標はさまざまでも、民主党によるリベラルな政策を打破したいという共通項があり、互いに協力できた。とくに、政府エリートが自分たちの「古きよき」生活に干渉することへの反発が共有されている。その点で今日の保守派は、多分に財界に支えられているにもかかわらずポピュリズム的な性格を持っている。

第二に、保守派の間では、経済、社会文化、そして対外政策の各分野で互いに合意しやすい政策目標が存在した。経済については、政府を縮小するための減税がある。税金が減ってうれしくない者はまずいないから、減税は保守派がまとまるのに格好の目標であった。減税は、以後今日まで共和党の政策的な旗印である。

社会文化的争点では、人工妊娠中絶への反対がある。宗教右派は、受精を命の始まりと捉える立場から、中絶は殺人だとして禁止を主張する。中絶については、世論調査で見るとレイプによる妊娠の場合など一定の条件では認めるべきと考える人が大半である。しかし、中絶自体を好ましく思う者は少ない。

さらに最高裁は、一九七三年のロウ対ウェイド事件判決で、一定の範囲の中絶を女性の自己決定に関わる憲法上の権利として認めている。保守派は、このリベラルな判決を裁判所による新たな権利の捏造《ねつぞう》だとして、中絶を認めないようにする判例変更を支持していく。これは、今日でも司法における保守派の最大の目標である。

そして対外政策については、ジョン・バーチ協会に代表される反共主義者が東側陣営に対する強硬な外交姿勢を主張した。一九七〇年代には、アメリカがベトナム戦争で事実上敗北し、米ソの緊張緩和（デタント）が進み、貿易収支も赤字となった。それに対して、強いアメリカを取り戻すべきだという見方が他の保守派にも支持され、大きな政府と財政赤字につながるにもかかわらず軍拡が支持されたのである。以後、共和党が政権を握ると軍拡が進むのが常である。

共和党内で保守派が影響力を強めていくなか、居場所をなくしたリベラルは徐々に党から退出を始める。他方で南部に党組織が作られ、現地の保守派が動員されていく。ちょうどこの頃にエアコンが普及したことで、北部から南部への移住も増え、そのなかには共和党支持者も多く含まれていた。共和党の南部への進出はこうして進んだ。

民主党の消極的なリベラル化

さまざまな勢力が積極的に党の保守化を追求した共和党に対して、民主党は受け身に回った。民主党ではニューディール以降、南部を除いて、政府が市場を安定させて人々に最低限の生活を保障するという、リベラリズムに沿った考えが共有されていた。その後、二〇世紀半ばまでに、差別の克服やさまざまな価値観の共存の重要性も受け入れられていく。社会文化的争点でのこうした態度も、境遇を問わず人々が幸福を追求できるよう、政府に介入を認めるリベラリズムに対応している。

民主党を支えたリベラルな連合を構成する主な勢力は、各種の労働組合や黒人を始めとする人種的マイノリティの市民的権利運動組織、さらに一九六〇年代後半から盛り上がりを見せた女性解放運動などである。差別されてきたマイノリティや女性の運動は、活動資金などの面で財界などに比べて不利であったが、フォード財団に代表される、リベラリズムの推進を目指す財団の支援も受けて活発化した。他に学生運動や反戦運動組織、のちには消費者運動や環境保護運動なども民主党側で存在感を持つようになる。

なお、財界は共和党寄りであるが、多くの業界団体や大企業は長年の多数党である民主党と献金などを通じて一定のつながりを持ってきた。これは今日でも同様であり、環境保護を重視するなどリベラルな経営理念を持つ企業には、むしろ民主党を支持するものも多い。

一九六〇年代までのような、共和党に対する圧倒的な優位が失われると、民主党では党内でリベラルな政策の実現を妨害する南部の保守派への不満が強まった。連邦議会では、引き続き南部出身の古参議員が先任者優先制の恩恵を受けて大きな権力を握っていた。そこへニクソン辞任の余波を受けて、一九七四年の選挙では北部で民主党のリベラルな新人が連邦議会下院に大量当選した。彼ら「ウォーターゲート・ベイビーズ」は、保守的に振る舞う南部選出の委員長からの権力剝奪を求める。

その結果、委員長の就任に党議員総会での信任投票が課されるようになった。また各委員会の下に分野別に置かれた小委員会の役割を強化して、委員会内の権力を分散し、委員長の持っていた権限の一部を下院議長に移すという議院改革が進み、影響は上院にも及んだ。これにより南部の保守派の影響力が弱まり、共和党の南部進出が進むにつれて、南部選出の民主党議員には中道寄りの政治家も増えていった。

リベラルの混迷とカーター政権

南部の保守派が共和党に移動していくことで、民主党は全体としてリベラル化していく。しかし、一九六〇年代のように積極的にリベラルな政策を推し進めることはなかった。ジョンソン政権期の挫折を引きずっていたうえ、一九七〇年代には高度経済成長が終わりを迎えた。しかも、失業率の悪化とインフレが同時進行するスタグフレーションが起き、経済学の理論で説明がつかなかったことで、政府に不景気への対処能力がないという印象が強まった。

リベラリズムが評判を落とした後では、減税や規制緩和による経済の活性化といった保守派の主張が一定の説得力を持つようになる。民主党の支持連合はリベラリズムを共有していても、政府の関与がどの程度認められるべきかについて意見が多様化し、党内の諸勢力が追求する政策も互いに異なっていく。

民主党は一九七〇年代も議会で多数派を占めたものの、保守派の「反リベラル」のような団結のきっかけをつかめなかった。序章で触れたように、ティップ・オニールが民主党を同じテントに集った多様な集団に喩えたのは、こうした状況下のことである。

一九七六年の大統領選挙では、民主党のジミー・カーターが、ニクソンの辞任後に政権を引き継いだジェラルド・フォードを破って当選した。カーターとその政権運営は、民主党の困難を象徴している。彼は深南部のジョージア州の元知事で、プロテスタントでも最も保守的とされるサザン・バプティスト派に属していた。カーターは首都ワシントンのエリートとつながりがないことをアピールして、南部や宗教右派の支持も得て当選を果たした。

カーター自身は保守派を標榜することこそなかったが、リベラリズムに基づく新たな政策課題を推進しようとはしなかった。保守派の意向も容れて、ベトナム戦争と一九七〇年代の景気後退により悪化した財政の立て直しや規制緩和を進めた。しかし、スタグフレーションは解消せず、対外的には一九七九年一一月に発生した駐イラン大使館の人質事件への対応に追われ、目立った成果は上げられなかった。

議会内の分極化とその構造的要因

二大政党は、こうして共和党が保守、民主党がリベラルという形で分極化し、ありとあらゆる争点について両者が立場を異にするという、アメリカの政党政治史上初めての事態が起きた。その結果、党内の規律が弱いにもかかわらず、連邦議会の議員を始め、各党の政治家がそれぞれのイデオロギーに対応する一貫した行動をとるようになっていく。

4-2は、連邦下院議員個々人のイデオロギー的立ち位置を計量的に推計したスコアを基に、各政党の所属議員全員と南部の民主党議員について、それぞれの議会期ごとの平均値をグラフにしたものである。

4－2　連邦議会下院での民主党・共和党議員および南部選出の民主党議員のイデオロギー的立ち位置（1879～2019年）

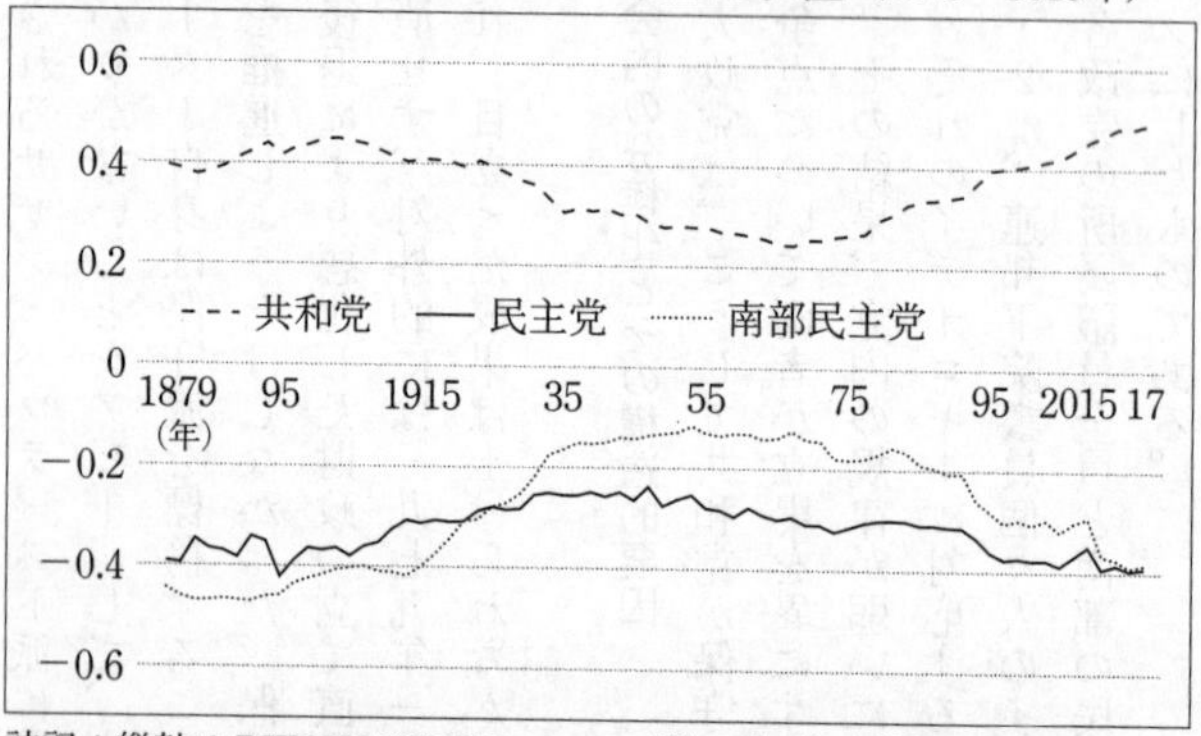

註記：縦軸はDW-NOMINATEスコア（第1次元），横軸は各議会期の開始年を示す．グラフは各カテゴリの議員の平均値
出典：Voteview.comのデータを基に筆者作成．

このスコアはアメリカ議会研究で広く用いられ、計算方法の名称を略してDW－NOMINATEスコアと呼ばれる。個々の議員の賛否がわかる、点呼投票という形式で採決が行われた全法案への全議員の投票データを利用して、投票行動の類似性を基にスコアが算出されている。この図は下院についてのものであるが、上院の動きもほぼ同様である。

この図では、上へ行くほど保守、下へ行くほどリベラルな立場を表す。一九七〇年代以降、共和党が保守、民主党がリベラルに分かれていくが、共和党がより大きく変化していることがわかる。また南部の民主党議員は、党全体よりも保守寄りである。ここでは、経済的争点について政府に大きな役割を認めるか否かでリベラルと保守を区別しているが、分極化後については、経済的争点に関する態度がその他の争点のそれと高い相関を持つことがわかっている。

なお、共和党の保守化の度合いが大きいため、共和党のほうが民主党よりもイデオロギー的まとまりが大きいといわれることがある。しかし、すでにみたように、共和党内の凝集性はリベラルへの反対からきており、一貫した「保守主義」に基づいているわけではない。逆に民主党内では、リベラリズムが共有されていても、その行き詰まりを受けて政府の介入すべき程度や政策の優先順位について争いがあるために、リベラルな度合いが弱いように見える。

二大政党の分極化は、世論の変化によって引き起こされたわけではない。分極化が始まってから二〇世紀末まで、二大政党の支持者はいずれも中道派が最も多かったと見られている。では、何が政治家たちの分極化を促したのだろうか。政治制度やマスメディアの働きなど、さまざまな要因が指摘されているが、根本的にはアメリカの政党の構造的特徴によるところが大きい。

アメリカの政党は集権性が低いだけでなく、予備選挙には誰でも立候補でき、それに勝つまでは所属政党の組織的支援を受けられない。政治家は、自力でカネや人を集めて選挙を戦う。二〇世紀後半には、候補者がテレビ広告など新しいメディアも活用して、所属政党に依存せずに自らを売り込む「候補者中心」の選挙が主流になる。

所属政党に縛られず、選挙を戦うための資源を自力で集めなければならない政党政治家は、資金や人員の面で支援してくれる各種の利益団体や社会運動の影響を受けやすくなる。これらの組織は、現状を変える、あるいは変えさせないことを目的に政治家に働きかける。二大政党の政治家がそれぞれリベラルと保守という、異なる方向に政策を動かそうとする多数の組織に「引っ張られた」のが、分極化の重要な一因なのである。

イデオロギー的な諸組織とその連合は、既存の政治家を支援するだけでなく、自分たちの考えに共感する候補者を発掘して予備選挙に立候補させて支援するようになる。UCLA学派と呼ばれる政党研究者のグループは近年、アメリカの政党を動かしているのは政党政治家でなく、背後で働きかけている利益団体や社会運動だと主張して注目されている。この議論には賛否両論あるが、こうした諸組織が政治家に絶大な影響を及ぼしてきたのは間違いない。

政党の存在感の稀薄化

一九七〇年代以降は、二大政党の分極化の一方で政党政治について対照的な二つの変化がみられた。それが、政党の存在感の稀薄化と二大政党制のさらなる制度化である。

まず政党の存在感の稀薄化は、先に見た選挙の「候補者中心」化に対応したもので、二つ

4－3　二大政党の支持者と無党派層の割合
（1939～2018/19年）

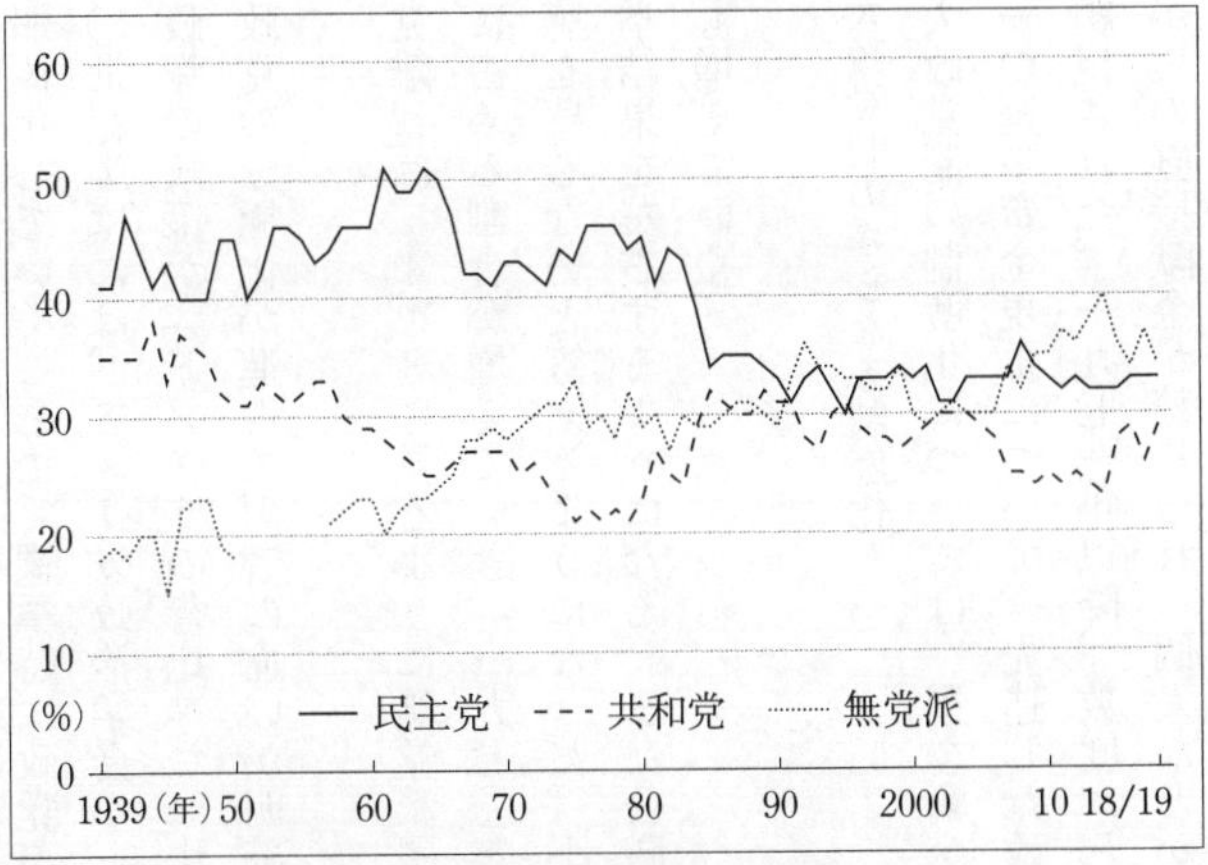

註記：サンプル数の関係で2018・2019年は区別されていない
出典：次のデータを基に筆者作成．1939-2014年については "Trends in Party Identification, 1939-2014," Pew Research Center, 2015. 2015-2018/19年については "In Changing U.S. Electorate, Race and Education Remain Stark Dividing Lines," Pew Research Center, 2020.

の形をとった。

第一は、政党組織の弱体化である。二〇世紀後半に選挙戦がテレビやラジオの広告、またダイレクトメールの送付など、地域ごとの大規模な組織を必要としない形で戦えるようになると候補者は本選挙でも政党組織への依存を弱めた。それによって、最も重要な選挙での役割を失った地方レベルの政党組織が衰退していったのである。

第二は、有権者のさらなる政党離れである。選挙で候補者が所属政党よりも自分自身を売り込むようになると、有権者が政党を意識する機会は減る。しかも、政党組織が弱体化していくことで、選挙時に政党の動員を受けることも減っていったのである。

二〇世紀半ばには、アメリカ政治学会の「政党に関する委員会」の提言に見られたように、二大政党の政策が「ドングリの背比べ」にすぎないとしばしば批判された。皮肉なことに、二大政党の分極化が進んで両者の違いが明確になる反面で、有権者の政党離れが進んだのである。

政党離れは、4-3に見るように無党派層の増加として表れた。一九六〇年代後半から有権者に占める割合が増えていき、一九七〇年代以降は調査に対して三割前後がどの政党にも一体感を感じないと答えるようになった。小選挙区制の下で、多くの選挙区で無党派層の票が選挙結果を左右するようになる。また公職によって異なる政党の候補に票を投じる、分割投票も増えていく。

二大政党制のさらなる制度化

二大政党制の制度化については、選挙資金規正と大統領候補の討論会の影響が挙げられる。

第一の選挙資金規正について、先述した政治家の利益団体への依存は、金権政治という形で問題視された。一九七一年以降、数度にわたり連邦選挙運動法が制定される。候補者への団体からの直接献金が禁じられ、個人などからの献金額も制限された。

ただし、団体についても政治活動委員会（その略称からＰＡＣと呼ばれる）を設立して連邦政府の連邦選挙委員会（ＦＥＣ）に届け出、資金の流れを明らかにすれば幅広く献金が認められた。そのため、一連の規正立法によっても政治家の献金への依存は弱まらず、カネのかかる選挙という性格はむしろ強まっていく。

こうしたルールは政党を問わず適用されるが、大統領選挙については事情が異なる。予備選挙と一般投票の両方の選挙戦について、候補者に国庫から選挙資金が提供されることになり、二大政党とそれ以外で扱いが異なるからである。まず予備選挙では、一定数の州にまたがって設定された額以上の献金を集めるなどの条件を満たした候補者に、自力で集めた献金に応じた額が支給される。しかし、ほとんどの二大政党以外の候補者はこの恩恵に与《あず》かれない。

次に一般投票に向けては、他の資金を使わないという条件で、前回二五％以上得票した政党の候補者に選挙戦全体を賄えるだけの同額の資金が交付される。また全国党大会の開催費用も助成されていたが、これは二〇一四年に廃止されている。

他方、それ以外の候補者は、一般投票で五％以上得票した場合、次回に得票率に応じて一定額が補助されるだけである。一九七六年大統領選挙以降、二大政党の候補者はこの制度の恩恵を受けてきたが、第三党では、一九九二年の一般投票で一八％を得たロス・ペローの作った改革党だけである。

このように、二大政党は選挙資金規正という、選挙に決定的な影響を及ぼす法制度で特権的な地位を与えられた。ただし、予備選挙では一九九六年に共和党の予備選挙に参加した実業家のスティーヴ・フォーブスが、一般投票では二〇〇八年に民主党のバラク・オバマが、それぞれ初めて助成を申請せず、助成を受けた場合に使える選挙資金の上限をはるかに上回る資金を自力で調達して使用した。それ以降、予備選挙でも一般投票でも国庫助成を受けないことが常態化している。

第二の大統領候補の討論会については、一九六〇年選挙時に実施されたきりだったのが、七六年に復活し、以後恒例化した。一九八四年までは、NGOの女性有権者連合が二大政党から中立の立場で運営していたが、八八年以降は二大政党の作る委員会が運営にあたっている。それもあり、二大政党以外の候補者の排除が問題視されてきた。これまで参加を認められたのは、一九九二年のペローのみである。

いずれにせよ二大政党は、共和党側が主導権を握る形で一九七〇年代に分極化を本格化させた。それによって、ニューディール以来の民主党優位の第五次政党制に翳《かげ》りが見えるようになる。ただし、それまでの政党制の再編と違って政党制の切れ目が明確でないこともあり、その後の政党制には名称が与えられていない。次章では、分極化が顕在化した一九八〇年代以降の政党政治を検討しよう。

第5章　分極化の時代——一九八〇年代〜オバマ政権期

1　攻勢を強める保守派——分極化の顕在化と拡大

レーガン政権と保守派の攻勢の始まり

二大政党のイデオロギー的分極化は一九七〇年代に本格化したものの、すぐに意識されたわけではない。リベラリズムが行き詰まった一方で共和党の保守化が進んだため、しばらくは分極化でなくアメリカ全体が保守化しつつあるのではないかといわれた。しかし、一九九〇年代には分極化がはっきり認識されるようになる。二大政党が全国で拮抗するようになったこともあり、政策形成の停滞などの副作用も起きていく。

本章では一九八〇年代以降について、二大政党の分極化の進展と政党政治への影響を検討する。二〇世紀末にかけてエリートレベルでの分極化が顕在化し、両党の全国規模での拮抗で対立が激化し、二一世紀に入って有権者レベルでも進行しつつあることを見ていく。分極化に基づく党派対立は、社会的分断と重なり合う形で深まっており、解消の見込みは立っていない。

一九八〇年大統領選挙で共和党のレーガンが勝利したことは、保守派が政策論で優勢に立つ時代の到来を印象づけた。この選挙で再選を目指したカーターは、不景気に加え駐イラン大使館人質事件を抱えて低支持率に苦しんでいた。しかし、レーガンは選挙戦で、減税すれば脱税も減り、かえって税収が増えるので財政赤字も減らせるといった極端な主張を展開した。

レーガンはそれでも、現職のカーターに一般投票でほぼ一〇%差をつけ四四州を制するという圧勝を収める。元ハリウッド俳優のレーガンは、その朗らかさと威厳ある風貌で、冷たく堅苦しいという保守派のイメージを明るく力強いものに変えた。また東側との競争だけでなく、西側先進国の経済的追い上げを受けて、強いアメリカを取り戻すという期待を呼び起こした。民主党支持者でもレーガンには投票するという者は多く、「レーガン・デモクラット」と呼ばれた。彼は一九八四年に、さらに大差で再選される。

レーガノミクスと「文化戦争」

レーガンは一九八一年一月の就任演説で「政府は我々の抱える問題を解決しません。政府こそが問題なのです」と述べて、大幅な減税と規制緩和を柱とする「レーガノミクス」による景気回復を目指した。なおこの日、イランはアメリカ大使館の人質を解放する。

レーガン政権期には、連邦議会でも共和党が巻き返した。下院は民主党が引き続き多数派であったが、上院では最後の二年間を除き共和党が久々に多数を占めた。

議会では、共和党と南部の民主党の「保守連合」も健在であった。それもあって一九八一年と八六年には、個人所得税の上限を大幅に下げるなどの減税立法が実現する。以後も、減税は共和党内で最重要の政策課題であり続ける。

他方、レーガン政権は当初ソ連との対決姿勢を強め、平時では史上最大となる軍拡を行ったため、財政赤字が拡大した。一九八三年からの景気回復も、保守的なレーガノミクス以外に、軍拡が公共投資の役割を果たしたことの効果が大きかったと見られている。以後、大きな政府を批判する共和党政権が減税と軍拡によって財政赤字を増やし、むしろ民主党政権が財政の健全化に励んで赤字を減らす形が続く。

規制緩和も、議会民主党や規制政策を担う行政機関の抵抗を乗り越えて進められた。特筆すべきは、政権が環境保護に敵対的な態度をとったことである。環境保護や消費者保護といった社会的リスクに関わる争点は、他の先進国ではイデオロギー的に対立しにくい。しかし、共和党は財界の意向も受けて規制に反対を強めた。とくに温室効果ガス規制については、科学的根拠まで疑問視したのである。この点で、レーガン政権期に二大政党の分極化はその範囲を拡大したといえる。

また福祉国家的政策でも、貧困家庭への生活保護を切り下げ、年金の支給開始年齢を引き上げるといった保守的な改革を進めた。その際福祉への依存が戒められ、若い女性が分別なく子どもを産んで政府の保護を受けるという「福祉の女王（welfare queen）」と呼ばれる差別的なイメージも用いられた。

他方で社会文化的な争点については、主に州の管轄と考えられたため、経済に比べると立法上の試みは限られた。それでも、政権の取り組みは多岐にわたった。一九八四年には、人工妊娠中絶を支援する海外のNGOへの助成を禁じて注目を集めた。発表した都市名から「メキシコ・シティ政策」と呼ばれるこの施策は、以後共和党政権が引き継ぎ、民主党政権が廃止するという繰り返しになっている。

人種については、「カラー・ブラインド」つまり肌の色で区別しないことを強調した。しかし、構造的な人種差別や格差がまだ残るなか肌の色を無視することは差別の容認といえ、政権は積極的差別是正措置を骨抜きにしようと試みるなどした。またレーガンは「麻薬との戦争」を打ち出し、とくに麻薬犯罪の厳罰化が進んだ結果、警察や司法に不利に扱われがちな黒人やヒスパニックの収監人口が二一世紀にかけて激増する。これは形を変えた人種隔離政策だとして、のちに批判されることになる。

また一九八〇年代には、ＨＩＶウイルスの感染が広がった。しかし、麻薬使用者や同性愛者の感染が目立ったのを受けて、政権はほとんど対策をとらなかった。

こうした政権の態度は、「文化戦争」といわれる社会文化的な価値観をめぐる論争の焦点となった。「ポリティカル・コレクトネス」が広く知られるようになったのも、この頃である。人工妊娠中絶の是非、公立学校での祈禱の可否、性的少数者の地位など論点はさまざまであったが、そこでキーワードになったのが「多文化主義（マルチカルチュラリズム）」である。

多文化主義は、アメリカ国民を個人でなく独自の伝統と文化を持つさまざまな集団の集まりと捉えて、それぞれの違いを尊重すべきだとする考え方である。これには、保守派だけでなくリベラルの一部からも、アメリカ国民を結びつけているのは自由と平等といった普遍的理念だとして反発が出て、その当否が激しい論争となった。

司法をめぐる党派対立へ

レーガン政権期には、保守とリベラルの対立する争点が多様化しただけでなく、分極化に影響される政治過程も拡大した。

とくに重要なのは、最高裁を中心に司法をめぐる党派対立が深まったことである。連邦レベルの裁判官は、実質的に終身で人事異動もなく、個々人のイデオロギーが判決に反映されやすい。それでも従来は、連邦議会上院での人事審査では候補者の法律家としての資質が十分であればイデオロギーはあまり問題視されなかった。

ところが、レーガンは法曹界がリベラルすぎるとして、徹底して裁判所に保守派を送り込もうとした。アメリカの法律家にリベラルが多いこと自体は、広く知られている。レーガンは、人工妊娠中絶を女性の権利としたロウ対ウェイド事件判決に代表される、二〇世紀半ば以降のリベラルな判決を克服するには、司法の保守化が不可欠と考えていた。

レーガンは、九名からなる最高裁に、裁判官の引退により生じた空席に新たに三名の保守派を送り込み、多数の下級審裁判所の裁判官を任命した。その人事の承認過程で、連邦議会上院の党派対立が激化する。レーガンは一九八七年に、ワシントンDC巡回区連邦控訴審裁判所(日本の高等裁判所に相当する裁判所のなかで最も重要とされる)のロバート・ボーク裁判官を最高裁裁判官に指名した。ボークの資質の高さは折り紙つきであったが、上院で多数派を占める民主党議員の多くが彼の極端な保守性を問題視して否決に終わった。これは大きな話題となり、以来司法人事を妨害することを「ボークする」と言うほどである。

裁判官を含む保守派の法律家の多くは、リベラルとは個々の争点について立場が異なるだけでなく、原意主義（オリジナリズム）と呼ばれる独自の憲法解釈の理論を打ち出し、保守的な主張をそれに基づいて展開するようになった。多数派を占めるリベラルな法律家は、憲法の解釈は時代の要請によって変化して当然と捉える。対して原意主義者は、憲法典は条文を作った起草者の意思（原意）に従って厳格に解釈されるべきだと考えるのである。

そのため原意主義の下では、裁判官がプライヴァシー権など新しい権利を憲法典に読み込んで判決を下すのは、司法権でなく立法権の行使に相当し憲法違反になる。以後、司法でも最高裁を中心に保守とリベラルで考え方の違いが顕著になっていく。

保守派の政治的インフラストラクチャーの充実

レーガン政権の保守的な態度の背後には、すでに見た利益団体や社会運動組織以外にさまざまな保守系組織の支援があった。

とくに目立ったのが、シンクタンクである。アメリカで従来から有力なシンクタンクのほとんどは、ブルッキングス研究所やラッセル・セイジ財団など、特定のイデオロギーを標榜していなくても実質的にはリベラル寄りであった。

一九七〇年代以降、それらに対抗すべくヘリティッジ財団やアメリカン・エンタープライズ研究所といった保守系シンクタンクが成長し、共和党の政治家の政策案や人材の供給源として大きな役割を果たすようになる。以後、保守とリベラルでシンクタンクの系列化が進むが、シンクタンクの党派性が前面に出るようになった結果、専門性への信頼が失われるという副作用も起きるようになる。

それ以外でもリベラルに対抗する保守派の組織化が進んだ。法曹界では、一九八二年にフェデラリスト協会と呼ばれるロースクール学生の団体が結成された。全国のロースクールに支部を広げるだけでなく、現役の法律家も会員となり、保守派の法律家の育成と動員の一大拠点に成長していく。同協会は、その後今日まで共和党政権の司法関連人事に大きな影響力を発揮している。

一方、さまざまな保守系組織の財政的後ろ盾となったのが、コーク兄弟のような大富豪やジョン・M・オリン財団などの有力な保守派財団であった。そのおかげもあって保守派は、「政治的インフラストラクチャー」と総称される、シンクタンクをはじめとした党派間の競争に資するさまざまな組織資源の面でリベラルと張り合えるようになったのである。

なお、こうした保守側の動きを受けて、のちにリベラル側が対抗組織化を進めていく。たとえば、シンクタンクでは二〇〇三年にアメリカ進歩センターが、また法曹組織では二〇〇一年にアメリカ憲法協会がそれぞれ設立され、民主党の政治家と連携しながら活動している。

このように、レーガン政権は共和党が保守性を初めて本格的に打ち出した点で大きな転換点となった。しかも景気が回復し、対外的にもソ連のゴルバチョフ共産党書記長との交渉を通じて冷戦を実質的に終わらせるというように、大きな実績を上げたのである。

保守派が勢いづいた反面、リベラルには一九六〇年代以降の失敗のイメージが染みついた。「リベラル」という言葉が当のリベラルたちにも忌避されるようになり、多くのリベラルは二〇世紀初頭の革新主義に倣《なら》って自らを「革新派」と呼ぶようになっていく。

ただし、一九八〇年代までの二大政党の分極化はその後に比べれば限定的であり、両党の政策的妥協も可能であった。のちに深刻な党派対立を引き起こす不法移民の対策についても、一九八六年に包括的な改革立法が超党派で成立している。またカーターおよびレーガン政権は、しばしば他国の独裁的な政府による人権抑圧の改善を求める「人権外交」を展開した。これは、政府からの自由を重んじる保守派と、政府による人権の保障に積極的なリベラルのいずれの考え方でも正当化されるものであった。

H・W・ブッシュ政権と一九九二年大統領選挙

一九八八年大統領選挙で勝利したジョージ・H・W・ブッシュの政権でも、分極化は決定的に悪化していたとはいえない。ブッシュはレーガンの副大統領だったが、一九八〇年にレーガンと候補指名を争ったライバルで、イデオロギー面では穏健であった。レーガン政権の目玉政策であったレーガノミクスについても、税率を減らせば税収が増えるといった主張を「おまじない経済学（ヴードゥー・エコノミクス）」だと軽蔑していた。

ブッシュ政権は、環境保護のための大気清浄法や、障碍者差別を禁じ社会インフラ整備を進める障碍を持つアメリカ人法など、リベラルな政策も積極的に推進した。一九九〇年前後には、共和党内はまだ完全に保守一色というわけではなかった。しかし、この政策方針は党内の保守派と摩擦を引き起こす。財政赤字削減のため、一九九〇年にブッシュが選挙時の約束を破って増税容認に転換すると、党内の対立は決定的になった。

ブッシュは一九八九年一二月のゴルバチョフとのマルタ会談で、冷戦を正式に終わらせた。イラクのクウェート侵攻に端を発した一九九一年の湾岸戦争時には、一時支持率が八〇%を超える。ところがその間に国内では景気が悪化し、党内の保守派に見限られたこともあり、一九九二年大統領選挙で民主党のビル・クリントンに敗れた。

この大統領選挙では、実業家のロス・ペローが独立候補として出馬して人気を集めた。彼は財政赤字や、カナダおよびメキシコとの北米自由貿易協定（NAFTA）に反対を掲げたが、その中心的主張は二大政党批判であった。ブッシュは穏健だったとはいえ、民主党多数派の議会との対立により政府内の膠着状態が目立ってきており、「グリッドロック」（交差点が詰まって動かない様子）と呼ばれた。ペローはこの言葉を連呼して、二大政党の下では政策的成果が上がらないと攻撃した。

ペローは、一時ブッシュやクリントンを支持率で上回り、一般投票でも一八％を獲得する。彼の善戦は、二大政党の分極化に対する世論の不満と政党離れの表れであった。ただし、ペローはその後改革党を組織して一九九六年の大統領選挙に出馬したものの、前回のような存在感は発揮できなかった。

クリントン政権による「第三の道」の模索

他方、一九九二年のクリントンの当選は、リベラリズムの行き詰まりを受けた民主党内で政策路線の模索が続いていることを表していた。クリントンはカーターと同じ深南部のアーカンソー州の知事で、中央政界からの遠さを売りにしており、一部南部の州も制した。彼は、選挙で選ばれた大統領としてはケネディに次いで史上二番目に若く、ベビーブーム世代初の大統領となった。民主党にとっては、カーター政権以来一二年ぶりの統一政府となる。

クリントンは社会文化面ではリベラルで、のちに黒人作家のトニ・モリソンが「初の黒人大統領」と呼んだほど、南部で貧困から身を起こした生い立ちなどの点で多くの黒人と境遇が似ていたこともあり、黒人からの支持が厚かった。他方経済面では、市場の自己調整機能を重視して、リベラルに染みついた非効率的な政府や増税といった負のイメージからの脱却を目指した。保守とリベラルそれぞれの立場をふまえて、両者が折りあえる第三の政策案を模索する政権のアプローチは、「三角測量戦略」とも呼ばれる。

政権初期の目玉政策は、先進国で唯一皆保険が実現していないアメリカで、無保険者を減らし高騰の続く医療費を切り下げる包括的な医療保険改革であった。この課題の重要性は保守派にも共有されていたが、政府の医療保険への関与を拡大すれば反発が出るのは明らかであった。クリントン政権は、公的医療保険への一本化などでなく、民間の医療保険を買いやすくしたうえで個々人に加入を義務づけるという抑制的な方針を掲げた。しかし、かえって政策案が複雑化し効果的なアピールが難しくなった結果、立法は失敗に終わる。

クリントンの独自路線は、対外政策にも表れた。前ブッシュ政権が調印したNAFTAに対しては、貿易自由化により国内から職が奪われるとして、労働組合を支持基盤とする民主党内から強い反対が出た。しかし、クリントンは共和党議員の協力を得て、一九九三年末にその実施法案の成立に漕ぎ着ける。クリントンは、こうしてリベラルと保守の間の「第三の道」を目指した。

2 「決められない政治」への道

一九九四年選挙と新しい政党間競争の構図

それに対して、共和党では党内の保守化が完成を見た。それは一九九四年の議会選挙に表れる。共和党の連邦下院議員候補は、その半数以上が「アメリカとの契約」と題する、減税や均衡財政、福祉改革といった、経済分野を中心に保守的な内容を持つ公約集に署名して選挙に臨む。この異例の団結は、ニュート・ギングリッチら下院の共和党指導部がとりまとめ、公約集の策定には保守系シンクタンクなどが力を貸していた。

この年の選挙で、共和党は約四〇年ぶりに連邦議会の両院で多数を制する。新任の大統領の所属政党は、ほぼ常に政権二年目の選挙で連邦議会の議席を減らすとはいえ、ここでは共和党が下院で五〇議席以上増やし、「共和党による革命」の始まりともいわれた。この歴史的勝利は、二つの点で分極化後の新しい二大政党の勢力図の反映であった。

第一は、二大政党の地域的棲み分けである。226頁の6－1に、二〇〇〇年の大統領選挙の結果を示した。そこから明らかなように、共和党が南部諸州で多数党となり、もともと強かった西部の内陸部と合わせたL字型の地域で支持を固めた。他方で、民主党は東西両海

N・ギングリッチ　保守的な公約集「アメリカとの契約」を掲げ，共和党は連邦議会の両院で多数派に．下院議長に就任した彼はその立役者だった，1994年

岸の大都市部と中西部のなかでも産業化の進んだ地域で優勢になり、明確な地域差が生まれたのである。近年民主党は青、共和党は赤がシンボルカラーのため、「アメリカが青と赤に色分けされた」といわれる。

その結果、大統領および連邦上院議員選挙では、八割方の州でどの政党が勝利するかが事前にはっきりするようになった。二大政党の拮抗する残り十数州が選挙結果を分けることになり、選挙戦が激しく戦われる「戦場州」となる。こうした事情から、大統領選挙について全国単位の世論調査結果は予測にあまり役立たない。

個々の州でも、都市部で民主党が、それ以外で共和党が強いという傾向が見られ、下院議員選挙でも大半の選挙区の行方が明白となった。二大政党の支持が拮抗する一部の選挙区や、現職の優位が働かない現職不在の選挙区に選挙資金がいよいよ集中するようになる。

共和党が南部で支配的になったことで、連邦議会における共和党と南部の民主党の議員が協力する「保守連合」も、一九八〇年代を最後に姿を消す。ただし、南部からも少数ながら民主党議員は選出され続けている。彼らの多くはイデオロギー的に中道であり、自分たちを「ブルー・ドッグス」と呼んで（党内のリベラルに圧迫されて「青ざめた」ことからくる）、かつてよりも勢力を弱めた議会民主党内で存在感を発揮するようになる。

第二は、二大政党の全国的な拮抗である。「持たざる者」の境遇改善を重視する民主党は、依然として共和党よりも支持者が多い。しかし、共和党の支持者は相対的に社会経済的地位が高く、投票率では民主党支持者を上回る。

また、民主党支持者が都市部に集中しているのに比べて、共和党支持者は全国に満遍なく居住している。小選挙区制では、選挙区でいくら圧勝してもとれる議席は一つなので、支持者の極端な偏在は不利に働く。また人口の小さな州は、大統領選挙人でも連邦議会の議席でも過剰代表される。そのため共和党は、民主党よりも効率よく選挙に勝てるのである。

こうして、政党制を全国規模で見ると、それまでの民主党の優位から変化し両党が拮抗するようになった。連邦議会選挙では、一九九四年以降はむしろ共和党が優勢である。州レベルでも、全国に広く支持者が散らばる共和党のほうが多くの州の州政府を支配してきている。この拮抗状況は、分極化と並ぶ今日の政党政治の決定的に重要な特徴である。

固まる支持層

この時期には、分極化時代における二大政党の支持層もほぼ固まった。その傾向を、社会調査と分析に定評のあるピュー研究所が二〇二〇年に出した報告書のデータも参照しながら、いくつかの属性に着目して整理しておこう。

最も顕著なのが、人種・エスニシティによる違いである。白人は共和党支持（ここでの政党支持者には、無党派のうちその党に親近感を持つ者も含めている）がやや多数派を占める一方、黒人やアジア系などのマイノリティは民主党支持がはっきりしている。とくに黒人は、八割以上が民主党支持と圧倒的である。これは、民主党が人種差別や所得格差の克服に尽力してきたことと対応する。

人口が急増するヒスパニックは、ラテンアメリカを中心にスペイン語圏に出自を持つ人々を指し、人種による区分とは異なる（したがって白人のヒスパニックも、黒人のヒスパニックもいる）。差別を受けてきた一方でカトリックが多いことから、宗教右派に共感する可能性もあり、一九九〇年代には二大政党がその支持を争っていたが、二一世紀に入ると民主党支持に

5-1　イデオロギー的分極化後の二大政党の特徴
（概ね1990年代以降）

	民主党	共和党
政治家・支持勢力の政策的立場	経済・社会文化両面の課題解決に政府の役割を重視するリベラルが多数派だが，政府の関与の程度や重視する政策への考え方はさまざま．南部を中心に一部中道派も	自由放任を重視するオールド・ライト，伝統主義的な宗教右派，反共主義者やリバタリアンなど，さまざまな分野でリベラルな政策に反対する保守派
支持者の傾向	女性，人種的・性的マイノリティ，非プロテスタント，低所得者に占める割合が大	白人男性，プロテスタント（とくに福音派），高齢者に占める割合が大
優位に立つ地域	共和党より支持者は多いが，都市部に集中する傾向．都会の多い東西両海岸および一部の中西部の諸州で多数派を占める	民主党より支持者が全国に満遍なく分布し，全体に非都市部で強い．南部および西部の内陸部の諸州で多数派を占める

註記：政党制全体では，二大政党がイデオロギー的に分極化し，両党が全国規模で拮抗している一方，8割方の州では一方の政党が優位にある
出典：筆者作成

傾いた（なお、ほぼ同義で使われる「ラティーノ」はラテンアメリカに出自を持つという意味）。

一九九〇年代以降、共和党支持者は八割以上が非ヒスパニックの白人によって占められ、ほぼ白人の政党になっている。他方で民主党については、一九九〇年代こそ八割弱だったが、その後低下して今日では約六割まで減少している。

次にジェンダーとセクシュアリティの面では、男性よりも女性のほうが民主党支持の割合が多いというジェンダー・ギャップが見られる。また一九九〇年

代には性的マイノリティに対する社会的認知が今日ほども進んでおらず、信頼できる調査データ自体が少ないが、投票行動でみると二一世紀には圧倒的に民主党を支持している。

宗教では、キリスト教とそれ以外で政党支持が分かれる。プロテスタントは黒人が民主党支持の一方で白人は多数派が共和党支持であり、とくに福音派にその傾向が強い。それに対して、同じキリスト教でもカトリックは二大政党の間でほぼ真っ二つに割れている。またユダヤ教などそれ以外の宗教の信者は、多数派が民主党を支持している。

最後に、いずれも社会経済的地位に関わる所得と教育程度の働きは、低所得者が民主党寄りである以外は複雑で、変化も見られる。

アメリカでは、学歴と所得の間に明らかな相関がある。ところが両者には、所得が高いと「持てる者」に有利な政策を推進する共和党を支持しやすくなる一方、教育程度が高い者にはリベラルが多く、民主党を支持しやすくなるという正反対の特徴がある。

一九九〇年代まではこの緊張関係を反映する形で、学歴と政党支持の間に一貫した関係は見られなかった。しかし二一世紀に入って、学歴と民主党支持の対応が強まり、高卒までの層で共和党支持が多数派で、学歴が高いほど民主党支持の割合が大きくなっている。これは、民主党がかつてよりも経済面でリベラリズムへのコミットメントを弱めたのに加え、差別の解消や環境保護といったその他の争点への関心を強めたことが影響している可能性がある。

「決められない政治」の現出

一九九四年選挙で議会の多数党となった共和党は、下院議長に選出されたギングリッチを中心に「アメリカとの契約」の立法化を目指していく。それに民主党が抵抗することで、政策形成の膠着状態が一層顕著になった。一九九五年には、徹底した歳出削減を目指す共和党とクリントンを含む民主党側が折り合わず、新会計年度の始まる一〇月までに予算法案が成立しなかった。その後つなぎ予算を定める立法も間に合わず、一一月から翌年にかけて断続的に二六日間、連邦政府が部分的に閉鎖される事態となった。

議会多数党と大統領の所属政党が異なる分割政府は、共和党大統領と民主党多数派議会という組み合わせで、二〇世紀半ばから頻繁に生じていた。それでも、二大政党がイデオロギー的に重なり合っていたため、従来は党を超えて協力して立法を進めることは難しくなかった。

しかし、二大政党の分極化が進むと、分割政府における大統領と議会多数党の考え方も乖《かい》離《り》する。両者が妥結できないと、議会が大統領の拒否権を乗り越えるには上下両院の三分の二以上の賛成が必要になる。二大政党が拮抗しているなか、それだけの票を集めるのは難しい。そうでなくとも上院では少数派によるフィリバスターが可能で、これを止めるには今日六割の議員の賛成を要する。

序章でも見たように、議会での政党規律が弱く、法案ごとに多数派を形成しなければならないアメリカでは、もともと政策決定が効率的とはいえない。そこへ二大政党の分極化と拮抗、さらに立法に特別多数の賛成を必要とする制度まで重なって、アメリカ版の「決められない政治」が生み出されたのである。

一九九五年末からの政府閉鎖については、議会共和党の非妥協的姿勢に批判が相次ぎ、共和党側も態度を軟化させた。その後、二大政党は是々非々の姿勢で協力するようになる。一九九六年には福祉を大幅に抑制する歴史的な改革立法が成立した。また一九九九年には、商業銀行と投資銀行の分離を定めた一九三三年のグラス・スティーガル法が廃止された。この規制緩和は、二〇〇八年からの経済危機の一因になったとみられている。

クリントン政権に入ってからは、経済が持続的に成長した。一九九六年大統領選挙でクリントンは危なげなく再選され、一九九八年には財政の黒字化を達成する。一方、共和党は一九九六、九八年と、連邦議会の両院で多数派を維持したものの、下院で続けて議席を減らす。ギングリッチは、一九九八年選挙での共和党後退の責任をとり、下院議長だけでなく議員も辞職した。

スキャンダルの利用――「他の手段による政治」

一九九〇年代には、いずれの政党が選挙で勝利しても政策を動かせないという手詰まり状況が生まれた。そこで注目されるようになったのが、対立党派の政治家のスキャンダルや違法行為を暴き立てて失脚させる政治手法である。

クリントン政権は終始、公私にわたるスキャンダルに苦しめられたが、それは政権側の問題だけではなかった。一九九四年に発足した、情報公開制度や訴訟を活用して主に民主党の政治家を追い込む「ジュディシャル・ウォッチ」という保守的な政府監視団体の活動にもよっていた。リベラル側も、これに対抗して二〇〇三年に「ワシントンの責任と倫理のための市民たち（ＣＲＥＷ）」という政府監視団体を組織している。

クリントンは、ホワイトハウス研修生との性的スキャンダルが発端となって、一九九八年一二月に下院で弾劾決議が成立し、翌月弾劾裁判にかけられた。これは議会で多数派を占める共和党の主導で進んだが、偽証など違法行為の疑いがあったにせよ、大統領の公務とのつながりは薄く、弾劾に値するかは当初から疑問符が付いていた。この出来事は、選挙によらずに政敵を打ち負かそうとする、いわゆる「他の手段による政治」がエスカレートしたことを示している。

このときクリントンを攻撃して大きな存在感を発揮したのが、保守系のメディアである。アメリカでは、テレビの三大ネットワークや『ニューヨーク・タイムズ』など主流メディアのほとんどがリベラル寄りとされる。それに対して、一九八〇年代から新聞では『ワシントン・タイムズ』、ラジオではラッシュ・リンボーのトークショーなど、少数ながら保守派の支持を集める媒体が登場していた。

とくに、ケーブルテレビのニュース専門チャンネルCNNがリベラルに偏向しているとして、その対抗馬として一九九六年に作られた「FOXニュース・チャンネル」は、この弾劾裁判の報道を通じて保守派の信頼を獲得した。これ以降、インターネット時代に入りメディアが分極化を強め、人々も政党支持によって異なるメディアに接する傾向を強めていく。

二〇〇〇年大統領選挙の混乱

クリントンの弾劾裁判は、一九九九年二月に無罪評決で終わる。しかしこの裁判は、一九九〇年代を通じて二大政党が分極化し拮抗するだけでなく互いにいがみ合うようになったことも示していた。二一世紀初の大統領を選ぶ二〇〇〇年の大統領選挙には、この新たな政党制の特徴が集約的に表れることになる。

この選挙は、クリントン政権のアル・ゴア副大統領と、H・W・ブッシュの長男のジョージ・W・ブッシュという、ともに南部出身で各党で直近の大統領の後継者によって争われた。

選挙は大接戦となり、一般投票ではゴアがブッシュを得票率で〇・五％上回ったが、選挙人票はブッシュのほうが若干多いという僅差となった。

なかでもフロリダ州の当初の集計では、ブッシュが約六〇〇〇万票中の約一七〇〇票上回っただけで、しかも一部の地域で投票内容を確認しにくい投票方式が使われていた。そのためゴア側から再集計を求める訴訟が起こされ、その行方が選挙結果を左右することとなる。

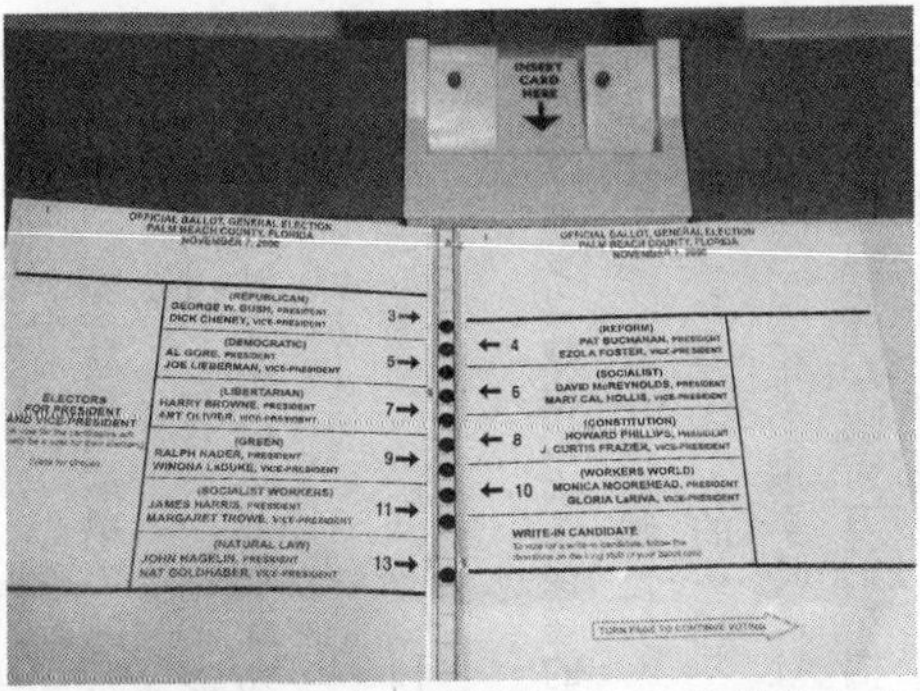

2000年大統領選の混乱の一因となったフロリダ州パームビーチ郡の投票用紙　再集計をめぐって州最高裁，合衆国最高裁の判断を仰いだ

　フロリダ州最高裁は、ゴアの主張通り再集計を認める判決を下した。しかし、ブッシュ側が合衆国最高裁に上訴して争った結果、大統領選挙人による投票までに適切な再集計が終わらないとして、再集計を認めない判決が出、ブッシュの勝利が確定する。

　このブッシュ対ゴア事件判決でブッシュ勝利を決めた五名の裁判官は、全員が共和党の大統領に任命されていた。司法をめぐるイデオロギー対立が高まるなか、裁判官たちが党派的に行動したと批判される事態となった。

なお、この大統領選挙では、環境保護などを訴えるアメリカ緑の党が、消費者運動家などとして知られるラルフ・ネイダーを擁立して注目された。しかし、次回選挙で選挙資金の国庫助成を受けるのに必要な五％の得票にも届かず、第三党の限界をあらためて示す結果となった。それればかりか、ネイダーはゴアとリベラル同士で票を奪い合うことになり、民主党とその支持者からブッシュの勝利に貢献したと非難されたのである。

W・ブッシュ政権による保守的政策の推進

イデオロギー的に穏健だった父親と違い、福音派に多く見られる回心体験（神の存在に触れ、信仰に立ち返る個人的体験）の持ち主でもあるブッシュは、明らかな保守派であった。しかし、二〇〇〇年の選挙時には中道的な有権者の取り込みをねらって「思いやりある保守主義」という穏健な政策方針を掲げていた。一般投票後の混乱により当選の正当性が疑われたため、民主党のノーマン・ミネタを運輸長官に起用するなど、党派間の融和にも努めた。

二〇〇一年九月には、イスラーム原理主義のテロ組織アル・カーイダによる同時多発テロ事件が起き、以後は非常時の伝統に倣って大統領を中心に超党派の協力が行われる。テロを防止するための「愛国者法」が翌一〇月に成立したが、通信の秘密の制限などを含む論議を呼ぶ内容にもかかわらず、審議もそこそこに議会両院で圧倒的多数の賛成を得た。

また同月には、アル・カーイダを支援するアフガニスタンのタリバーン政権との戦争を、二〇〇三年三月には対イラク戦争を始める。イラク戦争は、イラクのサダム・フセイン政権が大量破壊兵器を製造させているという不確実な情報に基づいており、のちに誤りであったことが判明する。しかし、大統領にイラクへの武力行使を認める二〇〇二年一〇月の議会決議は、超党派の支持で成立した。

このように、内政に比べて外交は二大政党の分極化の影響が小さい。だが、ブッシュ政権のテロ対策や軍事力行使の方針にはイデオロギーも影響していたと見られている。共和党は民主党よりも軍事力の行使に積極的で、保守派のなかでも新保守派（ネオコン）は、独裁国家を先制攻撃で倒して民主化する予防戦争が容認されると主張していた。ブッシュ政権の決定には、軍事力重視の強硬派に加え新保守派が大きく関わっており、それがイラク情勢の認識の誤りにもつながったとされる。

それ以外でも、ブッシュは保守的な政策を推進した。二〇〇一年三月には、温室効果ガス削減に関する京都議定書からの離脱を宣言した。同年と二〇〇三年には、大規模な減税立法を実現させる。また同じく二〇〇三年には、妊娠後期に用いられる部分中絶法という人工妊娠中絶の手法を禁止する立法が成立する。これは、一九九〇年代後半にも議会を通過しながら、クリントンに拒否権を行使され廃案となっていたものだった。このように、ブッシュは経済と社会文化の両面で保守派の期待に応えようとした。

二〇〇四年の大統領選挙は、イラク戦争の是非が中心的争点になった。ブッシュは、一般投票の得票率で二％強という僅差ながら、共和党のL字型の地盤に加えて戦場州の多くを押さえ、民主党候補のジョン・ケリー上院議員を破って再選を果たす。

議会内政党指導部の権力強化

ブッシュが大統領を務めた八年間には、それまでに顕在化した二大政党の分極化の政治過程が、両党の拮抗状況と相まって政策形成と選挙の両面で新たな形を生み出した。なかでも、政府内外の政党組織の役割が強化されていったのが特徴的である。

政策形成については、議会内で各政党の議員がまとまって行動する度合いがさらに強まった。法案審議は、議員が提出した法案を、政策領域別に設置された委員会とその下に分野別に置かれた小委員会で検討し修正していくのが基本である。委員会および小委員会で過半数の支持を得た法案のみが本会議に上程され、その先はあまり修正されずに成立するのが通例であった。各委員会の委員長には、配属された議員のうち多数党の最先任の議員がほぼ自動的に任命されたこともあり、立法過程は高い分権性を特徴としてきた。

ところが、一九九四年選挙で多数派となった共和党では、各院の党議員総会が先任順にとらわれず委員長を選任できるようになり、委員長の任期も制限された。実際にはある程度先任者優先制が尊重されているものの、委員長は党所属議員の多数派の意向を考慮する必要に迫られるようになった。

二一世紀に入ると、一部の重要法案について院内の多数党指導部による法案の起草や審議過程の統制が目立つようになる。委員会審議が制限されたり、完全に省略されたりすることが増えていったのである。

分権性を特徴とするはずの連邦議会で、党指導部がここまでの権力を握るようになったのは、５-２からわかるように、二大政党間のイデオロギー的違いが拡大したのに加え、各党で議員たちのイデオロギー的な凝集化が進んだためだと考えられている。党内の議員たちの考え方が似通ってくれば、ヒラ議員と彼らが選出する党指導部の考え方も近くなる。すると、ヒラ議員はより多くの権力を進んで指導部に与えると見られるのである。

分極化という条件下でのみ政党指導部が統治に影響力を拡大するという意味で、この考え方は「条件付き政党政府論」と呼ばれる。ただし、政党指導部が党所属議員に法案への賛否を強制できない点は変わらない。そのため、法案を通すには毎回院内の多数派形成が必要となる。しかも、決定に特別多数の賛成を要する制度が存在するので、指導部の下で多数党が

5-2　連邦議会下院での二大政党の分極化

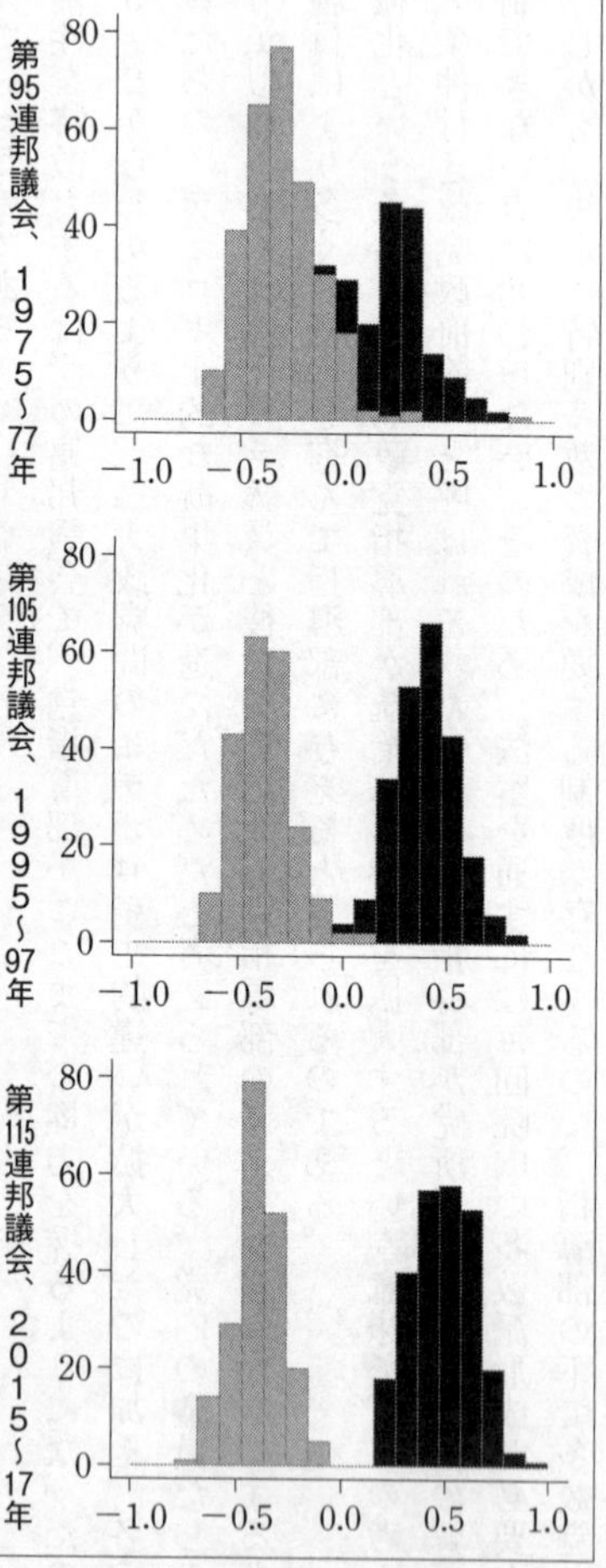

註記：横軸はDW-NOMINATEスコア（第一次元）、縦軸は議員の実数を表す。灰色は民主党、黒色は共和党。各議会期に在籍した議員すべてを含めたため、議員数に若干の違いがある
出典：Voteview.comのデータを基に筆者作成

まとまっても、対立政党の議員の協力がほぼ不可欠である。

ところが、二大政党のイデオロギー距離が離れたことで、それを得るのはより難しくなった。こうした変化の結果、議会の膠着状態はいよいよ深刻になる。その一つの指標として、提出された法案のうち法律になった率を考えると、クリントン政権の八年間でも約四・八%

だったのに対して、次のブッシュ政権の八年間には約三・八%になり、二割以上落ち込んでいる。

政党組織の復活

前章で見たように、選挙戦が「候補者中心」になったこともあって、二〇世紀後半には政党組織が衰退し無党派層が増加した。一九八〇年代末には、政党がやがて存在意義を失うのではないかとまでいわれたほどである。しかしその後、政党組織は二つの点で選挙での存在感を高めていく。

第一は、自党候補者へのさまざまな資源の供給や斡旋である。

現代の選挙戦では、テレビやインターネットを活用した広報、選挙区での世論調査とそれに基づいた選挙戦術の構築など、専門化が進み、より多額の資金が必要となる。政党組織は候補者に対して、選挙の戦い方の講習会、選挙コンサルタントの紹介や選挙資金の直接提供、大口の献金者との引き合わせといった形で支援するようになった。

党組織は、選挙時にこうしたサービスを提供するのに加え、当選後の新人にメディア対応や政策形成のノウハウなどについて研修会を開くなどしている。それによって、公職に就いた後も党に協力的になると期待される。

各地の政党組織が重要性を増した背景には、全国党委員会の存在もあった。かつては諸州の党組織の協議機関にとどまっていたが、資金調達能力を高め、党勢の最大化を図るべく全国を見渡して各地の選挙戦を支援するようになる。従来議会選挙で劣勢だった共和党では、巻き返しのために一九八〇年代に全国党委員会の役割が拡大し始め、それを追う形で民主党でも重要性を増していった。

第二には、政党組織が選挙戦への直接的な関与を強めたことがある。

二〇世紀後半に、アメリカの選挙戦はテレビやラジオで広告を流す「空中戦」が中心になった。しかし世紀末に、広告よりも直接の接触のほうが有権者の動員に効果的なことが意識されるようになる。以後地方レベルの政党組織が再び強化され、支持者の名簿の整備も進んだ。選挙になると、候補者組織と連携し、「地上戦」と呼ばれるヴォランティアを動員した戸別訪問や電話で、有権者に個別の働きかけを積極的に行うようになる。

また各種の名簿データを突き合わせて、動員したい有権者の属性を絞りこみ、対象に応じた形で働きかける「マイクロターゲティング」が盛んになった。もっとも、そこでは働きかければ投票しそうな有権者が優先される。全体に、高齢者や社会経済的地位の高い人々といった、もともと投票率の高い人々が動員されやすい一方、若者やマイノリティが後回しにされ、政治参加の落差が拡大する結果となっている。政治が「招待客以外お断り」のものになってしまっている、と批判されるゆえんである。

政党組織はこうして復活を遂げた。ただし、この間政党だけでなく利益団体も「空中戦」に参加しており、両者はテレビなどで盛んに特定の争点に関する意見広告を打つようになっていた。

のちに見る二〇一〇年の最高裁判決で一部解禁されるが、この「争点広告」については支援する候補者との連携に加えて、広告内で特定候補に支持・不支持を表明することも選挙法上認められなかった。しかし、たとえば環境保護団体が現職議員の排ガス規制立法への反対投票を紹介する、というように、争点広告を観た者にその意図は明らかである。

選挙戦で政党組織と利益団体の活動が大きな存在感を持つようになったことは、それを抑制しようとする動きによく表れている。二〇〇二年に、選挙資金や選挙活動を規制する超党派選挙運動改革法（マケイン＝ファインゴールド法）が成立した。これは、政党組織が他の目的で集めた資金を選挙戦に流用することや、選挙直前に放映される争点広告への企業など法人による資金提供を禁じるものであった。

こうして二一世紀に入り、二大政党はそれぞれ党内のまとまりを強めつつ、イデオロギー的な対立を深めていった。そのなかで、両者は互いへの攻撃的姿勢をさらに強めていく。

3　まとまりない二大政党の対決政治

二〇〇八年大統領選挙とオバマ当選

W・ブッシュ政権は、経済と社会文化の両面で保守派へのアピールに努めた。しかし、アフガニスタンおよびイラクとの戦争は泥沼化する。多くの戦死者を出したうえ財政赤字も莫大となり、共和党支持者にも見放されていく。

二〇〇六年選挙で、民主党は一二年ぶりに連邦議会の両院で多数派を回復した。政権末期のブッシュの支持率は二五％まで下がったが、これは辞任直前のニクソンの二四％に迫る。

二〇〇八年大統領選挙では、民主党の候補者選びで本命視されていたヒラリー・クリントン上院議員（クリントン前大統領の妻）を、新人上院議員のバラク・オバマが全国党大会までもつれ込む接戦の末に破るという番狂わせが起きた。オバマは、一般投票でも共和党のジョン・マケイン上院議員に勝利し、史上初の黒人大統領となる。

オバマはそのカリスマ性と「チェンジ」「そう、我々はやれる（"Yes, we can."）」をスローガンにした超党派のアピールで期待を集めた。若者や、黒人のなかでも社会経済的地位の低い人々という、投票にあまり行かない人々の動員に成功したことも強みとなった。一般投票直前の二〇〇八年九月には、投資銀行リーマン・ブラザーズの経営破綻を発端に金融危機（いわゆるリーマン・ショック）が起こる。そこでマケインが事態の深刻さを理解していないような対応をとって評判を下げたことも、オバマの有利に働いた。

この選挙でオバマは約七億四〇〇〇万ドルの献金を集めたが、これは前回大統領選挙の全候補者への献金総額を上回る驚異的な額であった。彼は、一九七六年の制度導入以降初めて、一般投票に向けた選挙戦で国庫からの選挙資金助成を受けない主要政党の大統領候補となる。オバマは、自分の資金は小口献金が大半の「民主的なカネ」だと強調した。しかし、以後資金助成を受けないことが常態化したのであり、カネのかかる選挙を助長したことは否めない。

B・オバマ　2008年大統領選挙で

オバマ政権期の政党間対立の激化

オバマは、二〇〇四年の民主党全国党大会で行った演説で広く知られるようになった。カンザス州出身の白人の母親とケニアからの留学生だった黒人の父親の間に生まれた自らの来歴を、アメリカ人の多様な経験と重ね合わせて「リベラルのアメリカも保守のアメリカもありません、あるのはただ一つ、アメリカ合衆国です」と訴えて一躍脚光を浴びる。

彼は二〇〇八年の選挙戦でも、党派やイデオロギーを超えて協力すべきだと強調した。大統領就任時の七割弱という支持率は歴史的に高い数字で、一時は保守的な「レーガンの時代」が終わり、リベラルの優位の下で二大政党が協調する時代に入るのではとの見方も出たほどである。

しかし共和党側は、大恐慌以来の経済危機の最中でもオバマ政権への協力を拒否した。二〇〇八年選挙で民主党は議会両院で議席を大幅に増やしており、オバマは議会民主党と協力して、クリントン政権が失敗した包括的な医療保険改革を二〇一〇年春に実現する。後に「オバマケア」と呼ばれるようになるこの歴史的な立法に、共和党議員は一人も賛成票を投じなかった。

しかしその後、民主党は議会選挙で後退する。二〇一〇年選挙で下院、一四年選挙では上院の多数派を失った。オバマは二〇一二年大統領選挙で再選されたものの、二つの戦争と経済危機への対応に追われ、オバマケア以外に独自の政策的実績をほとんど上げられなかった。オバマ政権期には、連邦政府の機能不全がいよいよ深刻化する。議会に提出された法案のうち成立した率は、約二・七%とさらに低下した。

この機能不全は、議会内政党間の関係の険悪化を伴っていた。政治学者のフランセス・リーは、議会での二大政党の拮抗をその理由に挙げる。次の選挙でどちらが勝つかわからず、多数党であっても立法を進められない状況では、互いに相手方が成果を出せないよう妨害する他ないのである。

オバマ政権期には、委員会での審議時に多数党側が少数党側になかなか法案を見せないといった露骨な嫌がらせまで見られるようになった。かつて、党を超えた議員間の友人関係は珍しくなかったが、個人的な付き合い自体なくなっていく。近年では、大多数の法案が成立しない一方、一部の重要法案だけが両党の指導部の調整を経て圧倒的多数派の支持で成立するという、両極端な状況が目立つ。

茶会運動と共和党の党内対立

オバマ政権期における連邦政府の生産性の低さは、二大政党間の対立だけでなく各党内の摩擦にも起因していた点に注意が必要である。民主党内では、オバマケアの制定時にも、多数派を占めるリベラルと南部の中道派であるブルー・ドッグスの摩擦が顕在化した。さらに、二〇〇九年に登場した茶会（ティーパーティ）運動をめぐる共和党内の対立は、はるかに深刻であり、政党政治全体に大きな影響を及ぼすことになる。

W・ブッシュ、オバマ両政権は、経済危機対策として金融機関への公的資金注入や多額の公共投資を行った。二〇〇九年二月、これを無駄遣いだとして反対する「ティーパーティ」を組織しようというテレビのコメンテーターの発言をきっかけに、各地で組織化が始まる（この呼称はアメリカ革命時の植民地側の抵抗運動による）。その後保守系財団などの支援も受けて、茶会運動はインターネットを媒介に野火のように拡大していった。

茶会運動は、経済的争点を中心に政府の役割と規模の縮小を主張し、医療保険改革にも強く反対した。二〇一〇年連邦議会選挙では、茶会運動に支持された候補者が相次いで共和党から出馬し、二桁の当選者を出す。

茶会運動による連邦議会議事堂前での医療保険改革反対集会，2020年３月20日，議会下院採決の前日

しかし、茶会運動が共和党の巻き返しに大きく貢献したとはいえない。茶会運動の支援を受けた新人候補のなかには、再選が確実視される現職議員を共和党の予備選挙で破りながら、

本選挙ではその極端に保守的な主張のために敗北した者もいたからである。

茶会運動系の議員は共和党に所属したが、連邦政府の縮小を最優先し、共和党への忠誠心も薄かった。そのため、しばしば議会共和党を混乱させる。その最たるものが、二〇一三年における二〇一四会計年度の予算審議である。

議会下院の茶会運動系の議員たちは、施行済みのオバマケアへの予算措置に強硬に抵抗し、それに共和党議員の多数派が同調した。他方、ジョン・ベイナー議長を含む下院の共和党指導部は、上院が民主党多数である以上はオバマケア抜きの予算は通せないと判断していた。

しかし一九九〇年代以降、下院議長は自党議員の多数派に支持されていない法案を本会議に上程しない、という不文律があった。オバマケア入りの予算は、上程されれば共和党の少数派と民主党の議員の賛成で通過するのが確実だった。が、ベイナー議長がこの不文律に従った結果、オバマケア抜きの予算法案だけが審議されて下院を通過したのである。

その結果、民主党が多数派を占める上院と折り合いがつかず、新会計年度に入った一〇月一日から政府が部分閉鎖された。それでも茶会運動系の議員らは妥協せず、最後はベイナー議長が不文律を破ってオバマケア入りのつなぎ予算法案を上程し、それが一七日に成立したのである。

この間、茶会運動系の議員たちは連邦政府の債務上限の引き上げにも反対していた。この予算法案は債務上限を期限付きで撤廃する規定も含んでおり、成立していなければ連邦政府が史上初めて債務不履行に陥る恐れまであった。予算法案をめぐっては、翌年以降も二大政党間の対立に加えて共和党内の混乱が続く。二〇一五年には、茶会系議員たちへの対応に苦慮したベイナー下院議長が議員辞職する事態となった。

「決められない政治」克服の動き

茶会運動をめぐる共和党内の不和は、二大政党の分極化の実情をよく表している。すでに見たように、二大政党の分極化は、政党間のイデオロギー距離の拡大と各政党内のイデオロギー的凝集化の二つからなる。このうち、二大政党のイデオロギー距離は、各党内の議員たちが対立政党の方針にこぞって反対するまでに拡大している。しかし党内の凝集化は、茶会運動に示されるように、各党がまとまって特定の政策方針を推進できるほどには進んでいない。

とはいえ、放っておいても政策的にまとまるような政党はまず存在しない。ここまで見てきたような党内の混乱が起こるのは、議会などで党指導部が個々の政治家を統制できない政党規律の弱さゆえである。それに二大政党の拮抗状況と特別多数の賛成を必要とする政治制度の二つが相まって、「決められない政治」はさらに混迷を深めている。

こうした状況からは、制度を変えることで現状を打開しようとする動きが出てきても不思議はない。連邦議会上院では二〇一三年に、オバマの行った人事指名に対する少数派の共和党の抵抗に業を煮やした民主党が、「核オプション」つまり最終手段を行使した。上院規則の改正は単純過半数の賛成で可能なため、最高裁裁判官以外の政治任用人事についてフィリバスターを認めないよう規則を変更したのである。

これにより人事は進むようになったものの、フィリバスターが可能な立法は停滞したままである。そのため、議会が動かないのにしびれを切らした大統領が、大統領令など行政機関への命令を通じて一方的に政策を変更しようとする動機付けを強めた。ただし、これは憲法や法律の縛りを受けるため、万能ではない。それは、次の例に表れている。

二〇一三年に連邦議会では、すでに国内に一〇〇〇万人以上いるとされる不法移民に対応するための包括的な移民制度改革立法が頓挫した。オバマは二〇一二年に出した行政機関向けの大統領覚書で、物心付く前にアメリカに連れてこられた不法移民（「ドリーマー」と呼ばれる）に一定の条件で在留資格を与えていたが、一四年にそうした子どもを持つ親に対象を拡大した。しかし、訴訟の結果、この拡大は憲法違反だとして二〇一六年に無効が確定することになる。

新たに選挙に関与する組織

このように、「決められない政治」を解消する目処は立っていない。他方で、二大政党の分極化を一層深める方向に作用し得る変化が、政府の外で二つ起きている。

第一は、選挙に関与する政党外の組織の増加である。二〇〇二年の超党派選挙運動改革法の成立によって、政党組織が多額の献金を受けて選挙戦に用いるのは難しくなった。政党組織やそれらに献金してきた資産家らは、争点広告を流したり有権者に投票を働きかける各種の活動を行う組織を新たに立ち上げて、選挙戦に参入するようになる。

こうした政党の外郭団体にはいくつか種類があるが、管轄される税法の条項から「五二七団体」あるいは「五〇一（c）団体」などと呼ばれる。たとえば、共和党系の五二七団体であるGOPACは、州・地方レベルの選挙に向けて候補者を育成する組織である。

その後二〇一〇年には、これらにいわゆるスーパーPACが加わる。この年最高裁は、シティズンズ・ユナイテッド対連邦選挙委員会事件判決で、超党派選挙運動改革法による争点広告の制限が表現の自由の侵害にあたるとして、同法の関連規定を違憲とした。

これにより、法人による争点広告への資金提供も制限がなくなり、また争点広告で候補者への支持・不支持を訴えてもよくなったと理解されている。企業などは相次いで巨額の資金を集めて活動する政治活動委員会（PAC）を組織していく。これがスーパーPACであり、金権政治だと非難されながらも活発に活動している。

今日さまざまな利益団体が提供する争点広告は、多くが保守対リベラルのイデオロギー対立の文脈で争点を説明し、候補者を評価する。スーパーPACや五二七・五〇一（c）団体などが多数の選挙区で流すイデオロギー的な争点広告に接した人々は、イデオロギー対立として政治を捉える傾向を強める可能性があろう。

有権者でも始まった分極化

第二に、政党の支持者にも分極化の兆候が見られるようになっていることである。

一九七〇年代から二大政党の政治家が分極化していくと、その後を追う形で保守寄りの有権者が共和党を、リベラル寄りの有権者が民主党を支持するようになる「仕分け」が進んだ。そのため、二一世紀初頭には、共和党支持者のほうが民主党支持者より全体に保守寄りになっていた。それでも、有権者は全体に中道が最も多いままで、政治家のレベルで見られる分極化にはいたっていなかった。

政治家と有権者の違いには理由がある。イデオロギー的に行動するとは、さまざまな争点を横断して一貫してイデオロギー的な立場をとることを意味する。政党政治家は、選挙での演説や議会での投票など、その行動が常に利益団体などに注視されている。そのため、それぞれの争点に関わるイデオロギー的な支持層への配慮から、どんな争点にも同じイデオロギーに基づいた立場を表明する結果、明らかなリベラルあるいは保守になる。

他方、一般人にはそうした制約がない。そのため従来は、経済面では保守でも社会文化的にはリベラルというように、イデオロギー的に一貫していないことが多く、さまざまな争点への態度を総合すると多くの人が中道に分類される。

ところが、ピュー研究所が二〇一七年に出した報告書では、政治的関心の強い層を中心に、一貫したイデオロギー的態度をとる有権者が増加したことが明らかになった。二一世紀初頭でも、両党の支持者は多くが中道的だったのが、その後の十数年で分極化し、イデオロギー的に一貫した態度を示す支持者のほうが多くなったのである。政治的関心の強い層は、投票率の低い予備選挙で大きな存在感を持つ。彼らの支持を求めて、政治家のイデオロギーがより極端になる可能性もある。

有権者の「感情的な分極化」

さらに、有権者は支持政党に強い愛着を抱く一方、対立党派に反発心を抱くようになりつつある。ピュー研究所の二〇一六年の調査では初めて、共和党と民主党の支持者のそれぞれ過半数が対立政党とその支持者に怒りや不満の感情を持つことが明らかとなった。この変化は、有権者の「感情的分極化」と呼ばれている。

なお、二大政党のいずれにも一体感を感じないと答える無党派層は、今日全体の約四割まで増えている。しかし、その大半はいずれかの政党に親近感を感じると答えており、彼らの多くは支持者と同様の投票行動をとっている。そのため、二大政党のいずれからも距離を置く「本当の」無党派は有権者の一割程度と見られる。

有権者の多くがイデオロギー的になり、対立政党に敵愾心《てきがいしん》を持つようになると、同じ党派のなかで固まり、対立党派との接触が減っていく。実際今日のアメリカでは、支持政党によって居住地域やソーシャル・メディア上の付き合いにも違いがある。近年、政治学では実験を用いた研究が盛んだが、オンラインでの交際相手探しや企業の採用人事での行動にまで、相手の党派についての認識が影響を及ぼしうるという分析結果が出てきている。

こうなると、政党政治家が幅広い層から支持を得るのはいよいよ困難になる。かつてはレーガン・デモクラットのように、対立政党の大統領に支持を与える有権者は珍しくなかった。しかしオバマ政権では、民主党支持者からの支持が常に八割を超えたのに対して、共和党支持者からの支持は二割に満たなかった。

支持政党による有権者の態度の違いは、個々の政策でも見られる。同じ泥沼化した戦争でも、ベトナム戦争当時、戦争の妥当性に関する世論調査の結果には回答者の支持政党による違いがほとんどなかった。それに対して、イラク戦争には当初から民主党支持者の反対が顕著であった。

有権者が支持政党以外に目を向けなくなったことは、政治家が選挙に際して対立政党の支持者から得票できる見込みも失われたことを意味する。実際、分割投票の割合も減っている。そのため今日の選挙戦では、自党の支持基盤（「ベース」と呼ばれる）を構成する有権者を確実に動員することが最も重視されるようになっている。政党支持者のイデオロギー的・感情的分極化は、二大政党の分極化をさらに強める可能性があるといえよう。

終章　アメリカ政治は多数決主義に向かうのか

政党と政党制の制度化

本書はここまで、アメリカの政党政治の歴史的展開を、政党および政党制の制度化と、柔構造を持つ二大政党の長期的変容という二つの観点から検討してきた。本書を締めくくるにあたり、ここまでの考察を簡単に振り返っておこう。

アメリカでは、一八世紀後半の建国と憲法制定の時点で政党が政治の担い手として想定されていなかった。むしろ、党派の存在は共通善の実現を妨げると考えられていた。それでも現実には、連邦派と共和派の二つの党派が登場し、一九世紀初頭にかけて競争した。共和派の一党支配の後、一八三〇年代からは民主党とホイッグ党という二つの大衆ベースの全国政党による競争が始まる。

民主党以降の主要政党は、党大会制度をとり、連邦、州、そして地方のすべてのレベルにまたがって全国規模で展開してきた。連邦政府内では、大統領と議会だけでなく、政治任用制度を通じて行政機関や裁判所にも浸透していく。一九世紀の「政党の時代」には、各地域の政党組織が地元の支持者を徹底的に把握して動員し、政党が支持者の生活まで影響を及ぼすようになった。二〇世紀以降、動員の程度は弱まったが、それでも大半の有権者は二大政党の一方に愛着を持ち続けている。

二つの大政党が選挙を争うようになると、それに合わせて選挙に関わる公式の制度が修正されていった。一九世紀初頭には、憲法修正によって大統領選挙の方式が党派間対立を前提としたものに改められた。一九世紀半ばに民主党と共和党という組み合わせになって以降、この二党による競争が当然視されるようになっていく。

二〇世紀転換期の革新主義時代には、秘密投票や直接予備選挙のように、二大政党以外からの立候補を阻んだり二大政党からの立候補を促したりする制度が導入された。一九七〇年代には、連邦選挙運動法によって二大政党が選挙資金の面でも優遇されるようになる。二大政党とそれらからなる政党制は広く支持されるようになっただけでなく、アメリカの公式の制度の一部になっている。

柔構造を持つ政党の変容の軌跡

他方、アメリカの二大政党は、いずれも内部の規律が弱く内外の垣根が低いという柔構造を持ってきた。政治家も有権者もどちらかの政党の側に属すのが当然と考えられる反面、党員制度や恒久的な党綱領はなく、党指導部が党内の政治家を指揮できる仕組みも発達しなかった。政党政治家や政党組織は、何よりも地元で支持を勝ち取るために政治的立場を選択し、同じ政党の内部でも地域によって立場がある程度異なることは当然であった。

また同一の政党でも、長期的には政党制の再編によって支持連合が入れ替わり、支配的な政治的立場も変化してきた。たとえば、二〇世紀初頭の第四次政党制では東西両海岸と中西部の都市部を共和党が、西部の内陸部と南部のL字型の地域を民主党が押さえていた。ところが一世紀後の今日、両政党が優位を占める地域は完全に逆転している。（6－1参照）

二〇世紀に入って、党の正式な候補者を決定する手段が党大会から直接予備選挙に変わり、ある党の予備選挙とその後の本選挙に当選しさえすれば、誰でもその党所属の政治家になれるようになった。これによって政党の開放性がさらに強まるとともに、利益団体や社会運動など外部組織からの影響を受けやすくなった。

一九七〇年代以降、二大政党は共和党が保守、民主党がリベラルへと分極化していく。しかし、党全体で特定のイデオロギーが正式採用されたわけではなく、党内の諸主体が個々にイデオロギー的に一貫した態度をとることで起きている。そのため、各党が特定のイデオロギーで凝集化しているといっても、それ以前と比較しての話であり、決して完全ではない。

6－1　1896年と2000年の大統領選挙の結果

◎1896年

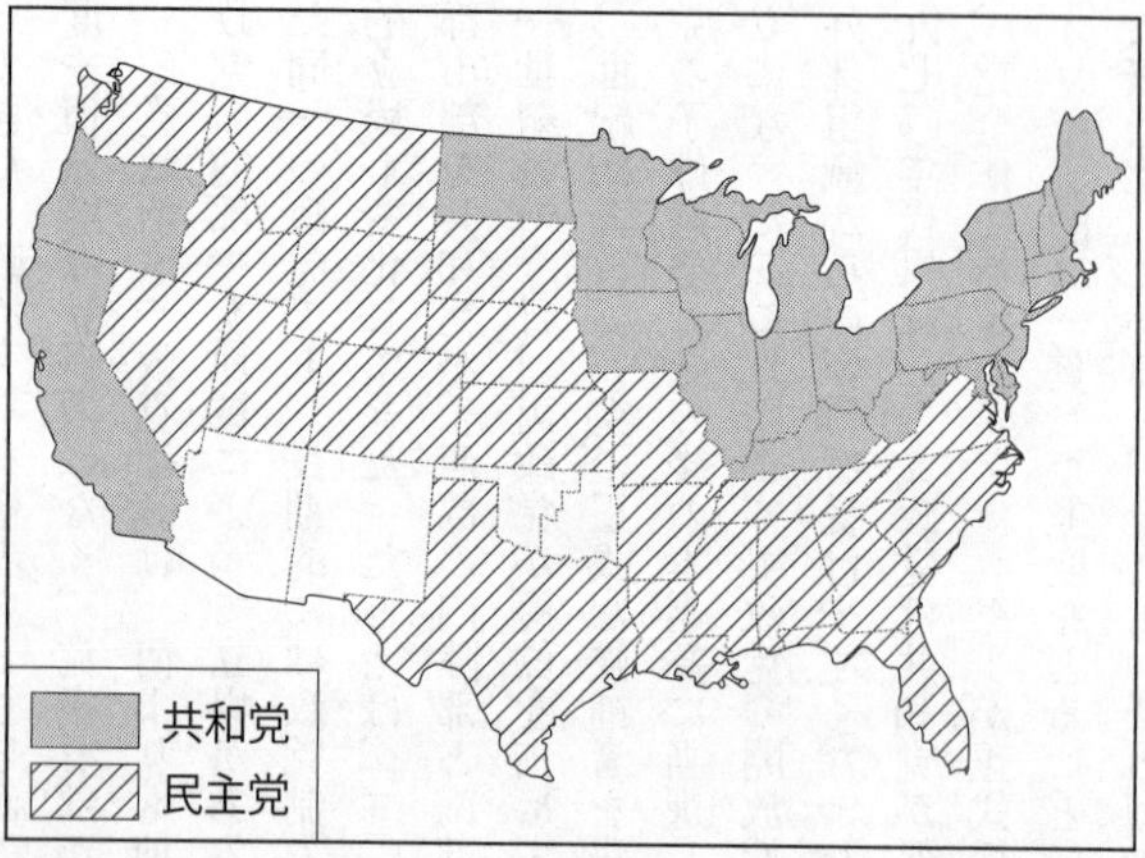

◎2000年

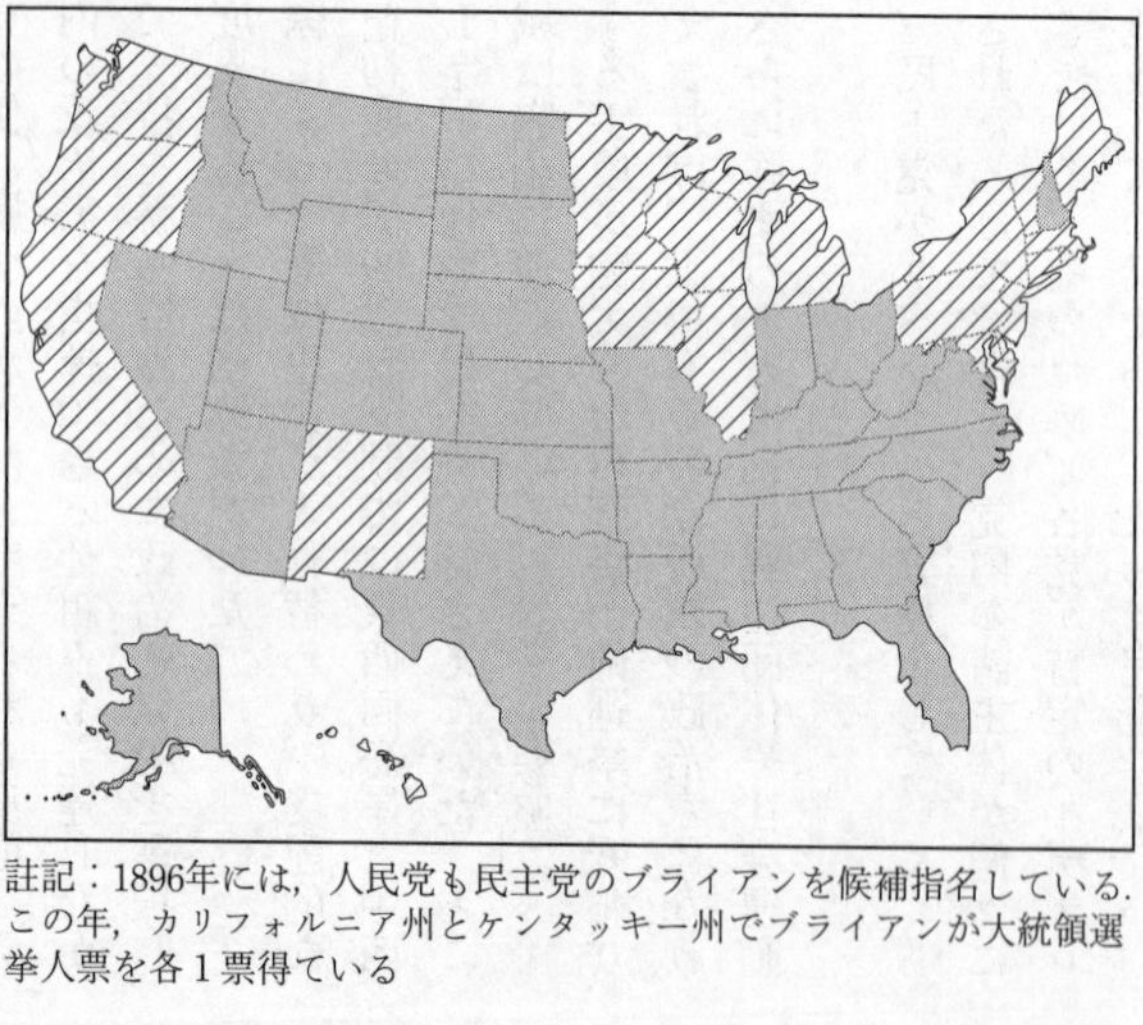

註記：1896年には，人民党も民主党のブライアンを候補指名している．この年，カリフォルニア州とケンタッキー州でブライアンが大統領選挙人票を各１票得ている

二大政党内のまとまりの限界

民主党内では概ねリベラリズムが共有されているが、一九六〇年代の挫折を経て、政府にどの程度の役割を与えるべきかの議論が続いている。また労働者や黒人、環境保護運動など、支持集団ごとに関心を持つ政策は大きく違い、政策の優先順位をめぐる競争も起きている。南部を中心に、中道派の勢力も一部存在する。

他方、共和党は保守派として団結しているといっても、その実態はさまざまな分野の反リベラル勢力の連合である。党内の諸勢力は、減税や人工妊娠中絶規制などお互いの主要目標の実現に向けて協力してきた。しかし、人間の本性やあるべき政府の役割に関する理解から して相違があり、一貫性のあるイデオロギーでまとまっているわけではない。

イデオロギー的な分極化は、政党間のイデオロギー距離の増大と各政党内のイデオロギー的凝集化という二種類の現象からなる。今日、二大政党のイデオロギーは、両者がお互いの政策にまとまって反対する程度には離れている。他方、党内の凝集化は、党全体が特定の政策方針でまとまれるほど進んだわけではない。政治学者のジュリア・アザリは、こうした状況を「強い党派心と弱い政党〔組織〕」の組み合わせと表現しているが、党内規律が強化されない限り、各党が一糸乱れぬ行動をとることは考えにくい。

党内規律が弱いにもかかわらず、各党の政治家はかなりの程度イデオロギー的に一貫した行動をとるようになったが、それは多分に選挙資金などの頼みの綱である利益団体や運動組織に監視されているからである。政党規模で見ても、財団、シンクタンク、政府監視団体や法曹団体といった、イデオロギー的立場から政党を支援する一連の組織、つまり政治的インフラストラクチャーが充実してきた。二大政党の分極化を補強する安定的な諸組織の発達は、二大政党制の分極化状態を外から固定する形で働く、新たな制度化といえよう。

政治学者のダニエル・シュロズマンとサム・ローゼンフェルドは、分極化したアメリカの二大政党が、その実、何も決めない空っぽ（hollow）な存在になっているという。政党組織は政府の内外に存在するが、議会内政党は規律が弱く、選挙も「候補者中心」に戦われる。政治家も有権者も、政党の指導部でなく利益団体や政治的インフラという、イデオロギー的に系列化された政党外の組織の影響を強く受けて行動しているのである。

分極化はどちらの党に有利か

二大政党の分極化は、両党の全国的な拮抗と相まって、政策形成が停滞する「決められない政治」を生み出した。では、この状況はどちらの政党により有利なのだろうか。

思い通りの政策を実現できないのは同じだが、連邦政府の機能不全はイデオロギー面ではリベラルよりも保守派、つまり共和党に有利と考えられる。それは、リベラルが保守よりも連邦政府を通じて何かを実現することを重視するからである。

保守派のなかでもオールド・ライトは、政府の規模と役割の縮小を重視する。たしかに、宗教右派など社会文化的な争点を重視する保守派は、政府による規制を支持する。しかし、州に比べればこの分野での連邦政府の役割は大きくない。そのため、機能不全による連邦政府の不作為はリベラル、つまり民主党側により大きな痛手となる。

これが明確に現れているのが、年金や福祉などの福祉国家的な政策と所得格差の関係である。二〇世紀後半から、アメリカでは産業構造の変化や経済活動のグローバル化に伴う所得格差の拡大が問題視されている。政治学者のノラン・マッカーティらは、所得格差と連邦議会における二大政党の分極化の拡大にはっきりした相関があることを示して注目を集めた。

この相関には理由がある。所得格差は放置すると拡大するため、それを防ぐには政府が所得を再分配するほかない。実は、富裕層への課税や福祉国家的な政策については少なからぬ共和党支持者もリベラル寄りの態度をとっており、有権者の多数派が支持しているといってよい。ところが二大政党が分極化し始めて以降、再分配政策を推進しようとする民主党に対し、共和党はそれを阻むだけでなく格差を拡大するような減税を進めた。格差拡大に歯止めがかからなかった一因は、ここにある。

予算法案の不成立に伴う政府の部分閉鎖も、同様の理屈で捉えられる。先述したように、保守派は連邦政府の活動全般に否定的なので、政府の閉鎖をリベラルほど苦にしない。前章で見たクリントンおよびオバマ政権期の事例、また二〇一七年からのトランプ政権期で本書の執筆時点までに生じた二度の事例では、どれも民主党のほうが政府閉鎖を深刻視していた。政府閉鎖といっても、軍を始め国防や社会経済の秩序維持に不可欠な機関は稼働している。そのため、二大政党はいずれも政府閉鎖への緊張感を失ってきており、それが閉鎖の長期化につながっていると見られる。しかし保守派は、政府閉鎖に伴ってその間の政府支出が節約できて助かると考えている節さえある。

州レベルでの分極化の政治

本書が中心的に扱った連邦レベルの政治は、分極化後「決められない政治」に陥った。しかし、州レベルでは事情が大きく異なっており、それは今日の政党政治全体を考えるうえで重要な意味を持つ。

二大政党の分極化は各州でも起きており、それは州議会での議員たちの投票行動にも表れている。ただし、二大政党は全国規模では拮抗しているが、大多数の州では一方の政党が優位にあり、近年は分割政府の頻度も連邦より少ない。また多くの州の議会は、連邦議会と異なり少数派が多数派を妨害しにくい制度をとっている。そのため、連邦レベルの「決められない政治」と対照的に、多くの州では多数党がイデオロギー色の強い政策を実現してきた。

連邦政府では、社会文化的な争点について社会への干渉が避けられる傾向にある。他方、州政府は内政上のあらゆる問題に対処する。分極化が進んだ二一世紀には、共和党優位の州で福祉が切り下げられ、人工妊娠中絶の規制が厳しくなり、銃規制が弱められるといった保守寄りの政策的変化が目立つ。他方民主党の強い州では、その逆にリベラル寄りの政策が作られ、環境保護規制や食品表示規制なども強化されている。

州レベルのこうした動きは、今日の政党政治にとって二つの点で重要である。

第一に、連邦政府が「決められない政治」に陥っている現状では、州政府の政策がより大きな重みを持つようになったことである。

たとえば、不法移民への対策は党派を超えて重視されているが、一九八六年を最後に本格的な移民制度改革立法は実現していない。この間、共和党の強い州では不法移民の受けられる社会サービスを制限するような立法が成立してきた。他方、民主党優位の州は総じて不法移民の社会的包摂により積極的である。連邦政府による不法移民の取り締まりに協力しない、いわゆる聖域州・都市にも民主党優位のものが多い。同様のことは、たとえば一九九〇年の大気清浄法以来、連邦議会で包括的な立法が行われていない環境保護分野にもいえる。

第二に、アメリカでは連邦レベルを含む選挙制度の多くが州法で定められているが、多数党が自党に有利な形で制度を修正する動きが見られることである。これは共和党の強い州で目立つが、二種類の制度改変が注目される。

一つ目は、有権者の投票コストの引き上げである。すでに見たように、民主党支持者は共和党支持者よりも数は多いが、投票率が低い。そのため、投票を容易にするような政策は民主党の得になると考えられている。一九九三年に、有権者が運転免許の更新時などに有権者登録もできるようにする「モーター・ヴォーター法」が連邦議会で成立したが、共和党議員は強硬に反対した。

二一世紀に入り、共和党優位の州を中心に、投票不正を防止するためとして投票時に運転免許証などの公的身分証明書の提示を求める「投票者ＩＤ法」の制定が相次いだ。今日では、六割ほどの州で導入されている。他にも投票所を減らしたり、投票所の開場時間を短くしたりといった動きも見られる。いずれも社会経済的地位の低い有権者に不利な措置で、共和党の有利に働くと考えられる。

二つ目は、連邦議会下院の選挙区割りの操作である。一〇年ごとの国勢調査の結果、州に割り当てられる連邦議会下院の議席数が変わると、選挙区の区割りが変更されるが、これは州法で定められる。とくに共和党は、多数派を占める州議会で自党に有利となる不自然な区割りを行ういわゆるジェリマンダリングを積極的に進めてきたとされる。

二一世紀に入って、共和党はより多くの州で多数派を占めているため、連邦下院議員選挙は区割りの面でも共和党の有利になっている。二〇一七年に大統領を退任したオバマは、選挙区割りの改革を目指す全国民主党再区割委員会を立ち上げた。近年、アメリカの民主主義が危機に瀕しているとされるのには、こうした州レベルの事情が大きく影響している。

このように、対立の図式こそ異なるものの、今日連邦レベルでも州レベルでも二大政党は分極化し激しく対立している。では、二〇一六年大統領選挙で明確な政党所属を持たないドナルド・トランプが当選したことは、政党政治にとっていかなる意味を持つのだろうか。

変化を約束し、政策的に挫折する大統領

トランプは、政党に所属しての公職経験がないどころか、一貫してある政党を支持してきたわけでもない人物である。平均的な有権者と比べても政党との結びつきの弱い彼が、二〇一六年に共和党の大統領候補者選びに参加できたことは、政党の柔構造なしに説明できない。

トランプが予備選挙を勝ち上がれたのは、共和党内に本命候補がいなかったのに加え、独自の支持層を動員できたことが大きい。彼は、格差の拡大で経済的に不安定になり、移民や非白人の進出に敵意を感じ、民主党との結びつきを弱めつつあった一部の白人（男性）労働

者層を中核に支持を拡げ、大統領候補指名を獲得した。

ただし、トランプの戦い方はすべての面で型破りだったわけではない。独自の支持層の動員は、その前にオバマが黒人や若者を動員したのと共通する。またトランプは、社会的にもはや受け入れられない人種・性差別的な発言を繰り返して反発を招き、オルタナ右翼（「もう一つの右翼」の意）とも呼ばれる右翼的な白人至上主義者の活動を活発化させた。しかし、共和党支持者はもともと白人男性が多く、非白人や女性の政治家も民主党に比べて圧倒的に少ない。

トランプの煽った分断は、かなりの程度政党間の分断と重なっていたが、それは不思議でない。彼を支持したのは、共和党支持者を含め、オバマという民主党の黒人大統領が二期八年にわたり社会統合を訴え続けるのをうんざりして見ていた人々だったのである。

もちろん、共和党支持者が皆トランプに同調したわけではない。しかし分極化の下では、ほとんどの有権者が支持政党の候補者に投票する。そのため、大統領選挙の一般投票でも、トランプと民主党のヒラリー・クリントンはいずれも、所属政党の支持者の約九割の票を得た。トランプは、一般投票の得票数でクリントンに及ばなかったが、共和党優位の州と戦場州の多くを制して勝利したのである。

トランプは、その異質さが強調されがちである。しかし、彼の行動の多くはこのように既

共和党候補D・トランプ（左）と民主党候補H・クリントン，大統領候補討論会で，2016年9月26日

存の政党政治の構造を自分の有利に利用したり、すでに起きていたことを助長したりするものである。その意味で、トランプはまったく新しい政治過程を生み出したわけではない。それは、政権発足後についてもいえる。

トランプについては、大統領選挙時のロシアとの共謀など、スキャンダルが多く取り上げられているが、政敵のスキャンダルを利用した政治についてはクリントン政権について触れた通りである。またトランプは数々の虚言でも知られるが、政治家がその場しのぎに言い逃れをすることはオバマ政権期から問題視されていた。マスメディアによるファクトチェックも、長い間盛んに行われている。

トランプとオバマは、政権の政策過程もよく似ている。オバマの「チェンジ」と同様、トランプは「アメリカを再び偉大にする」をスローガンに変化を訴えた。これは、「決められない政治」の下では自然なことである。そして、医療保険改革以外目立った成果を上げられなかったオバマと同様、トランプも二〇一七年の大規模減税立法を除き、本書の執筆時点では選挙時に掲げた政策目標をほとんど達成できていない。

二〇一八年の連邦議会選挙で、民主党は下院で多数派を奪還した。政権発足二年目の選挙で下院の多数派を失った点も、オバマと同じである。これにより、二〇二一年一月までの任期中にトランプの推進する重要政策が成立する見込みはほとんどなくなっている。

またトランプは、ムスリムが多数を占める諸国の一部からの入国を禁じるといった政策を、大統領令などの一方的な政策変更手段を利用して進めようとしてきた。これは、超党派の協力が困難と見て同様の手段を用いるようになったオバマ政権の二期目と共通する。両者のこうした手法は、しばしば司法の壁に突き当たっている点も類似している。

さらに激化する政党間対立

しかし、トランプ政権期の政党政治はすべてがそれまでと同じでもない。二つの点で重要な変化を指摘できる。それは政党間対立のさらなる悪化と各党内の動きの活発化である。

第一の政党間対立の険悪化はさまざまな形をとったが、まず最高裁裁判官人事に表れた。

最高裁裁判官の人事は上院で超党派の賛成を得て承認されるのが普通であったが、トランプ政権ではそれが大きく荒れたのである。

事の発端は、オバマ政権期の二〇一六年に遡る。この年の二月、レーガンに任命された最高裁の保守派の古株であるアントニン・スカリア裁判官が急死した。オバマは、ただちに穏健なリベラルの後任候補を指名する。ところが、連邦議会上院の多数派である共和党は、大統領選挙が近いことを理由に人事審査自体を拒否するという前代未聞の対応に出る。

二〇一七年の大統領就任後、トランプはスカリアの後任に保守派のニール・ゴーサッチを指名し、これに反対する民主党側はフィリバスターで応じた。すると、引き続き上院で多数派を占める共和党は、最高裁人事でもフィリバスターの行使を認めないという上院規則の改正を行ったのである。ゴーサッチは出席した五一名の共和党議員全員と、保守派の強い州からの三名の民主党議員のみの賛成で承認された。

翌二〇一八年には、スカリアと同じくレーガンに任命されたアンソニー・ケネディ最高裁裁判官が退任を表明した。トランプは、保守派のブレット・カヴァノーを後任に指名したが、上院司法委員会での審査では、カヴァノーの保守性だけでなく、高校時代を含む彼の性的暴行疑惑が複数取り沙汰され、被害を訴えた女性が公聴会で証言する事態にまで発展した。しかし、カヴァノーも同年五〇対四八という僅差で承認されている。

また、政党間対立によって、二〇一八年一二月に三日間、また同年一二月から翌一九年にかけての三五日間、予算関連法案が不成立となり政府が部分閉鎖に追い込まれた。後者は一九九五年末からの部分閉鎖よりも二週間長く、史上最長となった。

以上でも十分歴史的であるが、本書執筆時点までの政党間対立のハイライトは、二〇一九年に始まったトランプの弾劾手続きである。民主党内では、トランプ政権の発足前から弾劾を叫ぶ声が出ていたが、二〇一八年選挙で下院の多数派を確保すると要求が強まった。しかし、共和党が多数派の上院で有罪となる見込みは薄く、下院民主党指導部は弾劾に反対した。ところが二〇一九年九月に、トランプが自分の再選を有利にするために対ウクライナ外交を利用した疑いが浮上すると、やむなく弾劾手続きに踏み切る。

下院が二〇一九年一二月に弾劾決議を採択した後、翌一月から上院で裁判が行われた。しかし、トランプ政権と議会共和党は終始まともに取り合おうとしなかった。結局この裁判では、大統領の弾劾裁判としては初めて証人への聴聞もなく、二月五日の採決で無罪が決まる。

その前日には連邦議会で大統領の一般教書演説が行われたが、演説前のトランプが民主党のナンシー・ペロシ下院議長との握手を拒否し、演説終了直後にはペロシが議長席で演説原稿のコピーを破り捨てた。そこからも、二大政党間のいがみ合いのほどがうかがえる。

共和・民主両党の変容の可能性

トランプ政権下の政党政治の変化の第二は、各党を変容させるような動きの活発化である。共和党については、トランプが共和党を「乗っ取った」のかどうかが注目される。トランプの主張のなかでも保護貿易や、不法移民を排除するためのメキシコ国境の壁を含むインフラの整備は、分極化後の共和党が堅持してきた自由貿易と政府支出の縮減という立場に反する。また黒人などマイノリティに対するトランプの敵対的態度は、共和党がマイノリティ票の確保を模索し始めていたことに逆行する。

共和党の政治家たちは、二〇一六年の大統領選挙まではトランプの問題ある態度や保守派と相容れない政策的主張を批判していた。しかし、その後党内でトランプ路線への賛否が分かれる。二〇一八年選挙を期に、ポール・ライアン下院議長を含む、トランプと折り合いの悪い共和党議員らが引退していった。その後、共和党の政治家は大半がトランプの主張を支持するか黙認している。共和党支持者も九割前後がトランプを支持してきている。

アメリカの政党はもともと政策的まとまりがないうえ、保守派はリベラルに比べてもイデオロギー的な一貫性が弱い。そのため、共和党がトランプの主張を受容する形で変容することはありえないことではない。他方、スーパーPAC「リンカン・プロジェクト」のように、トランプの再選を阻もうとする動きも党内から登場しており、今後が注目される。

左からE・ウォレン，J・バイデン，B・サンダーズ
左派への支持が高まるなか大統領候補選出に向けた民主党討論会が行われた，2020年1月14日

一方の民主党は、リベラルの左派が力を付けてきている。二〇一六年大統領選挙では、民主社会主義者を自称する無所属のバーニー・サンダーズ上院議員（ただし、議会では民主党の会派に属してきた）が民主党の予備選挙に参加した。高齢者向けのメディケアの拡大による国民皆保険の実現、大学教育の無償化など、彼の主張は多くのリベラルから見ても急進的であったが、本命のヒラリー・クリントンを相手に善戦する。

これをきっかけに、民主党内では格差や差別の解消を中心に、政府がより大きな役割を果たすことを期待する左派が勢いを増している。民主党支持者でも若者の支持が厚いことが特徴で、サンダーズの支持者も多くが若年層である。また民主党支持者に、自らの政治的立場を表立って「リベラル」と呼ぶ者が再び増えてきている。

二〇二〇年大統領選挙の民主党の予備選挙で、再度出馬したサンダーズは一時最有力候補になった。しかし、主張が極端すぎてトランプに勝てないという見方が強まり、オバマ政権のジョー・バイデン元副大統領に敗れている。

とはいえサンダーズや、同じく二〇二〇年の予備選挙に出馬したエリザベス・ウォレン上院議員、また二〇一八年選挙で女性では史上最年少の二九歳で連邦下院議員となったアレクサンドリア・オカシオ＝コルテズ（AOCとして知られる）といった左派は党内で存在感を強めている。また警官からを含む、黒人への理不尽な暴力に抗議する「ブラック・ライヴス・マター（黒人の生は軽くない）」運動を始め、差別され軽んじられてきた人々による突き上げもあらためて強まっている。これまでの分極化は、共和党の右傾化が主であったが、ここへきて民主党が左傾化するかが注目されよう。

人口動態と政党政治の行方

では、アメリカの政党政治全体の行方はどのようになるだろうか。

いがみ合うあまり連邦政府で「決められない政治」を生じさせている二大政党に、人々は満足していない。オバマ政権期以降、二大政党がアメリカ国民をきちんと代表できているかというギャラップ社の世論調査の質問に、約六割がいいえと答えている。移民制度改革のように、超党派で必要性が自覚されている政策にも対応できていない以上、これは不思議でない。

この調査では、同じく約六割がアメリカに第三党が必要だと答えている。しかし、二大政党を優遇し、政治家にとって主要政党から出馬したほうが有利な制度の下では、有力な第三党が定着する余地はほとんどない。現状では第三党が登場しても選挙に勝てないばかりか、二〇〇〇年大統領選挙におけるアメリカ緑の党のように、主張の近い主要政党から票を奪って敵に塩を送る「スポイラー」になりかねない。

では、既存の二大政党制の下で「決められない政治」が解消する見込みはあるのだろうか。それを引き起こしている二大政党の分極化、拮抗、そして政治制度の順に見てみよう。

ここまで見たように、二大政党は今後それぞれ変化する可能性があるが、それは分極化を弱めるような性質のものではない。保守・リベラルの政治的インフラの存在や有権者の分極化もあって、分極化が短期に解消する見込みは薄いというべきであろう。

次に、両党の拮抗についてはどうだろうか。いずれかの政党が明らかな優位に立つならば、政策的停滞やいがみ合いが軽減されるかもしれない。これに関して注目されるのが、人口動態の変化である。

今日のアメリカでは、白人よりもマイノリティのほうが人口増加のペースが速く、二一世紀半ばに白人が人口の半数を割り込むと予測されている。また人種を問わず、若者は上の世代よりもリベラルである。そのため民主党では、じきに自党が多数派となる「運命」にあるのだとささやかれてきた。

ただし、近年はこの見方が楽観的すぎると指摘されている。それは、すでに触れた二大政党の支持者の居住分布と関連する。民主党支持者は都市部に集中する傾向にあり、それが続く場合は人口増加の恩恵が弱まると考えられる。共和党がより多くの州で優位に立ち、投票コストを引き上げたり、ジェリマンダリングを行ったりしていることも同様の効果を持つ。しかし、若者を中心に民主党支持者の南部や西部への移住が増えつつあることもわかっており、今後は人口の増加だけでなく移動にも注意しておく必要があろう。

アメリカ民主政治の多数決主義化？

では、アメリカではこの両すくみの状態が続くのだろうか。

そこで最後に注目されるのが、政策過程を左右する政治制度である。現在の政策的な膠着状態は、政策決定に特別多数の賛成を要する政治制度にも起因する。なかでも連邦議会上院のフィリバスターは、院内の多数派にとって悩みの種であり続けてきた。

フィリバスターについては、党派を超えて納得が得られるまで審議する、上院の議院としての本質に関わる制度だとする意見が強かった。ところが近年、フィリバスターをさらに弱めるか禁止するという提案が注目されている。とくに民主党内で、二〇二〇年以降上院の多数派を回復した暁には、この「フィリバスター改革」を進めるべきだという声が出ている。

これが実現し、単純過半数で決定がなされるようになれば、大統領の指名する人事の承認について生じたように、政策的停滞は弱まるかもしれない。しかしフィリバスター改革は、二大政党の分極化と相まって、アメリカの民主政治の性格を変える可能性がある。

憲法制定会議では、共通善の実現こそ政治の目的だと考える人々が、連邦政府が専制に陥らないようその権限を制限し、政府を複数の権力に分割して単一の党派が全体を支配できないようにした。

マディソンは『ザ・フェデラリスト』で、複数の徒党が互いの悪弊を打ち消し合うことで共和制が安定すると主張したが、それは単純にいえば、皆が合意できる政策だけ通ればよいということである。それを踏まえれば、対立する二大政党の下で今日生じている「決められない政治」は、マディソンらのねらい通りともいえる。

しかし、アメリカの政治制度は二大政党間の競争を踏まえたものに改変されてきた。連邦議会でも少数派の影響力を減じる形で制度が修正されてきた。下院では、一八九〇年に「リードの規則」が導入されている。上院のフィリバスターは、二〇世紀に入って審議打ち切り動議の制度が導入され、一九一七年には三分の二の議員の賛成で、七五年には五分の三の賛成で止められるようになった。一九七四年には、一部の予算制定手続でも禁止されている。

そして二一世紀に入って、人事への適用が停止されてきたのである。

下院はすでに、かなりの程度多数党の意向で動かせるようになっている。上院のフィリバスターは、多数派に政府を支配させる多数決主義に対する、いわば最後の砦《とりで》といえる。フィリバスター改革は、政策的停滞を克服するために、分極化した二大政党制に合わせてアメリカ政治の仕組み自体を多数決主義的なものに作り替える意義を持ちうる。

二大政党が、政策が作られないことの責任を互いになすりつけ合うばかりの現状は、誰が見ても不毛である。「政党に関する委員会」も指摘したように、今日ではマディソンらの想定を超えて連邦政府の重要性が増しているから、なおさらである。

とはいえ、多数派が民主的プロセスを歪めることへの懸念が強まっているなかで、連邦政府を多数決主義的にすることが望ましいかは定かでない。それに、政党規律が弱いままであれば、また分割政府であれば、多数決主義といっても限界は残るはずである。現時点では、実際にどうなるのかを見通すのは難しい。しかし、今日の二大政党の分極化と拮抗が、アメリカ政治の基本的な性格について人々に再検討を迫るほどの、歴史的な意義を持つことは間違いないといえる。

あとがき

本書の編集を担当された白戸直人氏から新書の執筆にお誘いいただいたのは、もう一〇年も前のことである。当時筆者は、南北戦争後の二大政党制に関する初めての研究書を出版し、次の研究が軌道に乗ろうかというところであった。政党政治研究の「卒業論文」を書くつもりで出した本書の企画を通していただいたまではよかったが、新しい研究が予想以上の難物で、本書にとりかかる余裕のないまま年月がすぎてしまった。申し訳ない限りである。

このように完成が遅れに遅れた本書であるが、このタイミングで送り出すことにはメリットもあったと考えている。この間、二大政党の分極化・拮抗状況が短期的には変わらないという見通しがついた。また何より二大政党の分極化に関する研究が長足の進歩を遂げ、本書の内容を充実させられたからである。

しかし、自分で決めておいて言うことではないが、二世紀以上におよぶアメリカの政党政治の歴史を、理論的説明も交えつつ新書で語るというのはかなりの難題であった。あるいは歴史的説明や外交を含む現状の解説、分極化の理論など、物足りないと感じる向きもあるかもしれない。ただ本書は、初学者にアメリカの独特な政党政治の輪郭を伝えることに集中した結果であり、その成否については読者からのご叱正を待ちたい。

このような拙い本書でも、多くの方々のお力添えがなければ完成は不可能であった。何しろアメリカの政党はテントのようなもので、アメリカ政治の研究は政党を抜きにはできないから、研究生活でお世話になった方々全員に感謝申し上げたい。そのうえで、以下では本書の成立に直接関わって下さった方々に言及させていただきたい。

白戸直人氏は、駆け出しの研究者だった筆者に自由にテーマを選ばせてくださったうえ、一向に書き始めようとしない筆者を待ち続けてくださった。また執筆開始後はさまざまな助言をくださり、筆者の生硬な文体を改造するコーチ役を務めてくださった。本書が多少でも一般読者に読みやすいものになっているとしたら、それは白戸氏のおかげである。

本書の原点は、再建期に関する筆者の最初の研究であり、亡き日米の師である五十嵐武士先生とジョエル・シルビィ先生の学恩に対する感謝の念を新たにしている。この研究を書物にしてくださった、東京大学出版会の奥田修一氏からも多くを教わった。

歴史研究が専門の筆者にとって、現代の政党政治について集中的に考える機会を何度かいただいたことは、本書の執筆に大いに役立った。司法や法律家と分極化の関係については五十嵐先生と久保文明先生を中心とする共同研究が、「他の手段による政治」に関しては高橋百合子先生と粕谷祐子先生にお誘いいただいた共同研究が糧となっている。二大政党の分極化全般については、網谷龍介先生がお声かけ下さった日本比較政治学会での報告と、田所昌幸先生と待鳥聡史先生のおすすめでトランプ政権の登場について書かせていただいたことが本書の議論の基礎になっている。とくに、日米両国の政治をまたにかけて次々に優れた論考を発表される待鳥先生には、大きな知的刺激を与えられてきた。記して感謝したい。

本書の内容の多くは、これまで学部や大学院の授業で話してきたものであり、辛抱強く付き合ってくれた学生諸君に感謝したい。また原稿取りまとめの最終段階では、本務校で一緒に勉強してきてくれた相川裕亮、松田俊一、李環誠、早崎成都、矢吹弘孝、長谷川敬介の各氏に草稿への貴重な意見をいただいた。それらは、本書の内容に具体的に反映されている。もちろん、本書に残された誤りの責任はすべて筆者にある。

本書の完成に向けた作業は、二〇二〇年三月からの研究休暇中に進められた。貴重な機会をくださった本務校の同僚諸氏に感謝したい。現在筆者は、それを利用してニューヨーク州にあるコーネル大学に研究員として在籍している。受け入れの労を取ってくださった、修行時代からの師でもある政治学部のリチャード・ベンセル先生に深く御礼申し上げたい。

とはいうものの、新型コロナウイルスの感染拡大により、三月初旬のアメリカ入国直後に自宅隔離となり、そのまま州全体がロックダウンに入ったため、大学の施設はほとんど利用できていない。異例づくしの在外研究となっているが、こうした状況下でも政党政治の展開を興味深く観察している。

パンデミックの最中でも、激しい政党間対立は健在である。連邦議会では、ウイルスの感染拡大に対応するための法案の成立が、経済的救済の対象や規模をめぐる二大政党間の対立によりもたつく場面があった。

トランプ大統領はウイルスへの対応に主導権をとろうとせず、各州で知事を中心にロックダウンや医療体制の整備が進んだ。全体に共和党よりも民主党の知事のほうが積極的な対策をとり、ロックダウンの解除にも慎重であり、早期の社会経済活動の再開を望むトランプと激しく対立してきた。共和党や保守系組織の支援を受けて、主に民主党の首長を標的にしたロックダウン反対運動も登場した。

党派対立は他にもさまざまな形をとっているが、政府による強制を嫌い、早期の経済活動再開を訴える保守派は、感染防止に有効とされるマスクの着用を拒否しがちである。政治家だけでなく一般市民の間でも、マスクを着用するかどうかが政治的態度表明の一種になりつつあるように感じられる。これも、感情的な分極化の一環といえるかもしれない。

その一方、五月下旬にミネソタ州ミネアポリスで黒人のジョージ・フロイド氏が白人警官によって殺害された。この間「不可欠な労働者」の多くを黒人やヒスパニックが占め、コロナウイルスにより多大な犠牲を出していた。それも手伝って、ブラック・ライヴス・マター運動が再燃し、全米のみならず世界中に構造的な人種主義への抵抗運動が広がった。

この動きに、以前は静観していた大小の企業やプロスポーツ団体などが相次いで支持を表明した。警察の改革だけでなく、公共の場からの南部連合旗の排除や、奴隷制や人種差別を後押しした歴史上の人物の顕彰をとりやめる動きも起きている。共和党側にも、賛同の動きがみられる。カマラ・ハリス上院議員がアフリカ系・アジア系女性として初めて民主党の副大統領候補に選出されたことも、この流れを後押ししていよう。

これらの展開でもトランプ大統領は一つの焦点であり、その動向は大統領選挙にも影を落としつつある。パンデミックのなかで郵送による投票を拡大すべきだという見方が強まったのに対して、彼は不正の温床になるとして強硬に抵抗してきた。また平和裏の抵抗運動を軍や連邦の治安部隊も用いて排除していることは、公正な選挙の実施に不安を抱かせている。選挙後、集計結果に争いが生じる可能性もあり、とくにトランプは敗北した場合でも、負けを認めず大統領の座に居座ろうとする恐れがあるとまで指摘されている。

選挙後を見据えても、興味深い動きがある。オバマ前大統領は七月に死去した市民的権利運動の闘士ジョン・ルイス連邦下院議員の葬儀での追悼演説で、連邦議会上院のフィリバスターを、政治的平等に向けた立法を阻《はば》む「ジム・クロウの遺制」だとして、廃止を容認した。これに、サンダーズ上院議員も賛意を表明している。いずれの政党が上院の多数派となっても、フィリバスター改革が検討される可能性があるといえよう。

こうして、二〇二〇年はアメリカにとっていくつもの意味で歴史的な年になりつつある。本稿の執筆時点では、大統領選挙の結果を含め、これらの展開の行く末を見通すのは困難であるが、引き続き現地で動向を注視していきたい。

最後に、パンデミックによる混乱と不安のなかで一緒に渡米してくれた妻の菜穂と娘の文音に感謝の言葉をおくることをお許しいただきたい。なかでも娘は当地の小学校に入ったものの、結局サマーキャンプが始まるまでは友達と遊ぶ機会もなく、申し訳ない思いである。まだ政治のことはよくわかっていないが、パンデミック後の世界の担い手として、いつかこのときのことを思い出しながら本書を紐解いてくれる日が来ればと願っている。

二〇二〇年八月　民主党のヴァーチャル全国党大会を眺めながら

岡山裕

主要図版出典一覧

https://www.dailykos.com/stories/2016/7/1/1544413/-Third-Terms-Are-Rare-But-Only-By-a-Hair　p.149（上）
https://www.cbsnews.com/news/the-children-who-marched-into-civil-rights-history/　p.149（下）
https://www.stltoday.com/news/local/govt-and-politics/years-later-the-violent-chicago-democratic-convention-looks-transformational-in/article_0e3d1f9e-fb0e-5d8a-bd99-0fe300316c6d.html　p.154
https://www.reaganlibrary.gov/sites/default/files/archives/photographs/large/h89.jpg　p.157
http://womenatthecenter.nyhistory.org/wp-content/uploads/2020/04/LOC.jpg　p.164
https://prospect.org/power/key-understanding-new-congress-gingrich-s-contract-america/　p.192
https://www.wlrn.org/post/elections-palm-beach-county-butterfly-ballot-effect#stream/0　p.201
ロイター＝共同　p.211
筆者撮影　p.214
ロイター＝共同　p.235
UPI / ニューズコム / 共同通信イメージズ　p.240

参考文献

E. Lee and Nolan McCarty, eds., *Can America Govern Itself?* (New York: Cambridge University Press, 2019), pp. 120-152.＊
Jake Sherman and Anna Palmer, *The Hill to Die on: The Battle for Congress and the Future of Trump's America* (New York: Crown, 2019).
John Sides, Michael Tesler, and Lynn Vavreck, *Identity Crisis: The 2016 Presidential Campaign and the Battle for the Meaning of America* (Chicago: University of Chicago Press, 2018).
Theda Skocpol and Caroline Tervo, eds., *Upending American Politics: Polarizing Parties, Ideological Elites, and Citizen Activists from the Tea Party to the Anti-Trump Resistance* (New York: Oxford University Press, 2020).
Gregory J. Wawro and Eric Schickler, *Filibuster: Obstruction and Lawmaking in the U.S. Senate* (Princeton: Princeton University Press, 2006).
ボブ・ウッドワード（伏見威蕃訳）『ＦＥＡＲ　恐怖の男―トランプ政権の真実』（日本経済新聞出版、2018年）
金成隆一『ルポ　トランプ王国―もう一つのアメリカを行く』（岩波新書、2017年）
――――『ルポ　トランプ王国２―ラストベルト再訪』（岩波新書、2019年）
久保文明・阿川尚之・梅川健編『アメリカ大統領の権限とその限界―トランプ大統領はどこまでできるか』（日本評論社、2018年）
ジャスティン・ゲスト（吉田徹・西山隆行・石神圭子・河村真実訳）『新たなマイノリティの誕生―声を奪われた白人労働者たち』（弘文堂、2019年）
西山隆行『格差と分断のアメリカ』（東京堂出版、2020年）
アリ・バーマン（秋元由紀訳）『投票権をわれらに―選挙制度をめぐるアメリカの新たな闘い』（白水社、2020年）
吉野孝・前嶋和弘編著『危機のアメリカ「選挙デモクラシー」―社会経済変化からトランプ現象へ』（東信堂、2020年）
マーク・リラ（夏目大訳）『リベラル再生宣言』（早川書房、2018年）
スティーブン・レビツキー、ダニエル・ジブラット（濱野大道訳）『民主主義の死に方―二極化する政治が招く独裁への道』（新潮社、2018年）
渡辺靖『白人ナショナリズム―アメリカを揺るがす「文化的反動」』（中公新書、2020年）

（名古屋大学出版会、2014年）
山岸敬和・西川賢編『ポスト・オバマのアメリカ』（大学教育出版、2016年）
油井大三郎・遠藤泰生編『多文化主義のアメリカ―揺らぐナショナル・アイデンティティ』（東京大学出版会、1999年）
吉野孝・前嶋和弘編『2008年アメリカ大統領選挙―オバマの当選は何を意味するのか』（2009年）、『オバマ政権はアメリカをどのように変えたのか―支持連合・政策成果・中間選挙』（2010年）、『オバマ政権と過渡期のアメリカ社会―選挙、政党、制度、メディア、対外援助』（2012年）、『オバマ後のアメリカ政治―2012年大統領選挙と分断された政治の行方』（2014年、いずれも東信堂）
渡辺将人『現代アメリカ選挙の変貌―アウトリーチ・政党・デモクラシー』（名古屋大学出版会、2016年）

<終　章>
Julia Azari, “Weak Parties and Strong Partisanship Are a Bad Combination,” Vox, Nov. 3, 2016, https://www.vox.com/mischiefs-of-faction/2016/11/3/13512362/weak-parties-strong-partisanship-bad-combination（last accessed June 1, 2020）. ＊
Alex Hertel-Fernandez, *State Capture: How Conservative Activists, Big Businesses, and Wealthy Donors Reshaped the American States and the Nation*（New York: Oxford University Press, 2019）.
Lilliana Mason, *Uncivil Agreement: How Politics Became Our Identity*（Chicago: University of Chicago Press, 2018）.
Nolan McCarty, Keith T. Poole, and Howard Rosenthal, *Polarized America: The Dance of Ideology and Unequal Riches*, 2nd ed.（Cambridge, Mass.: MIT Press, 2016）. ＊
Ben Merriman, *Conservative Innovators: How States Are Challenging Federal Power*（Chicago: University of Chicago Press, 2019）.
Pew Research Center, “Partisanship and Political Animosity in 2016”, June 22, 2016, available at https://www.pewresearch.org/polifics/2016/06/22/partisanship-and-political-animosity-in-2016/（last accessed Aug. 20, 2020）. ＊
———, “The Partisan Divide on Political Values Grows Even Wider,” Oct. 5, 2017, available at https://www.pewresearch.org/polifics/2017/10/05/the-partisan-divide-on-political-values-grows-even-wider/（last accessed Aug. 20, 2020）. ＊
RJ Reinhart, “Majority in U.S. Still Say a Third Party Is Needed,” Oct. 26, 2018, Gallup.com, available at https://news.gallup.com/poll/244094/majority-say-third-party-needed.aspx（last accessed June 1, 2020）. ＊
Daniel Schlozman and Sam Rosenfeld, “The Hollow Parties,” in Frances

参考文献

久保文明『現代アメリカ政治と公共利益―環境保護をめぐる政治過程』（東京大学出版会、1997年）
久保文明編『G・W・ブッシュ政権とアメリカの保守勢力―共和党の分析』（財団法人日本国際問題研究所、2003年）
――――『米国民主党―2008年政権奪回への課題』（財団法人日本国際問題研究所、2005年）
――――『アメリカ外交の諸潮流―リベラルから保守まで』（財団法人日本国際問題研究所、2007年）
久保文明・東京財団「現代アメリカ」プロジェクト編『ティーパーティ運動の研究―アメリカ保守主義の変容』（ＮＴＴ出版、2012年）
久保文明・松岡泰・西山隆行・東京財団「現代アメリカ」プロジェクト編『マイノリティが変えるアメリカ政治』（ＮＴＴ出版、2012年）
佐々木毅『アメリカの保守とリベラル』（講談社学術文庫、1993年）
中山俊宏 『アメリカン・イデオロギー―保守主義運動と政治的分断』（勁草書房、2013年）
西川賢『ビル・クリントン―停滞するアメリカをいかに建て直したか』（中公新書、2016）
グローバー・G・ノーキスト（久保文明・吉原欽一訳）『「保守革命」がアメリカを変える』（中央公論社、1996年）
古矢旬『ブッシュからオバマへ―アメリカ変革のゆくえ』（岩波書店、2009年）
――――『グローバル時代のアメリカ―冷戦時代から21世紀』（岩波新書、2020年）
ジェフリー・M・ベリー（松野弘監訳）『新しいリベラリズム―台頭する市民活動パワー』（ミネルヴァ書房、2009年）
前嶋和弘『アメリカ政治とメディア―「政治のインフラ」から「政治の主役」に変貌するメディア』（北樹出版、2010年）
前嶋和弘・山脇岳志・津山恵子編『現代アメリカ政治とメディア』（東洋経済新報社、2019年）
待鳥聡史『＜代表＞と＜統治＞のアメリカ政治』（講談社選書、2009年）
松井茂記『ブッシュ対ゴア―2000年アメリカ大統領選挙と最高裁判所』（日本評論社、2001年）
松本俊太『アメリカ大統領は分極化した議会で何ができるか』（ミネルヴァ書房、2017年）
ジェームズ・マン（渡辺昭夫監訳）『ウルカヌスの群像―ブッシュ政権とイラク戦争』（共同通信社、2004年）
宮田智之 『アメリカ政治とシンクタンク―政治運動としての政策研究機関』（東京大学出版会、2017年）
村田晃嗣『レーガン―いかに「アメリカの偶像」となったか』（中公新書、2011年）
山岸敬和『アメリカ医療制度の政治史―20世紀の経験とオバマケア』

Theodore J. Lowi, *The End of the Republican Era* (Norman: University of Oklahoma Press, 1995).
David R. Mayhew, *Divided We Govern: Party Control, Lawmaking, and Investigations, 1946-2002*, 2nd ed. (New Haven: Yale University Press, 2005).
Pew Research Center, "In Changing U.S. Electorate, Race and Education Remain Stark Dividing Lines," June 2, 2020, available at https://www.pewresearch.org/politics/2020/06/02/in-changing-u-s-electorate-race-and-education-remain-stark-dividing-lines/ (last accessed Aug. 20, 2020). ＊
Andrew Rich, *Think Tanks, Public Policy, and the Politics of Expertise* (New York: Cambridge University Press, 2004).
Steven E. Schier, *By Invitation Only: The Rise of Exclusive Politics in the United States* (Pittsburgh: University of Pittsburgh Press, 2000).
Barbara L. Sinclair, *Unorthodox Lawmaking: New Legislative Processes in the U.S. Congress*, 5th ed. (Washington, D.C.: CQ Press, 2016).
Theda Skocpol and Vanessa Williamson, *The Tea Party and the Remaking of Republican Conservatism* (New York: Oxford University Press, 2012).
Steven M. Teles, *The Rise of the Conservative Legal Movement: The Battle for Control of the Law* (Princeton: Princeton University Press, 2012).
Martin P. Wattenberg, *The Decline of American Political Parties, 1952-1996*, 5th ed. (Cambridge, Mass.: Harvard University Press, [1984] 1998).
Sean Wilentz, *The Age of Reagan: A History, 1974-2008* (New York: HarperCollins, 2009).
Olivier Zunz, *Philanthropy in America: A History*, rev. ed. (Princeton: Princeton University Press, 2014).
ボブ・ウッドワード（伏見威蕃訳）『政治の代償』（日本経済新聞出版、2013年）
岡山裕「イデオロギー政治の変容と連邦司法人事―共和党政権の人事戦略の『転換』を中心に」、五十嵐武士・久保文明編『アメリカ現代政治の構図―イデオロギー対立とそのゆくえ』（東京大学出版会、2009年）所収。
――――「政治インフラとしての法曹とその組織」、久保文明編『アメリカ政治を支えるもの―政治的インフラストラクチャーの研究』（財団法人日本国際問題研究所、2011年）所収。
――――「アメリカの政府監視団体の政治過程―利益団体政治の視角から」、高橋百合子編『アカウンタビリティ改革の政治学』（有斐閣、2015年）所収。
――――「アメリカ二大政党政治の中の「トランプ革命」」、『アステイオン』第086号（2017年）所収。

参考文献

有賀夏紀『アメリカの20世紀<下>―1945年～2000年』(中公新書、2002年)
飯山雅史『アメリカの宗教右派』(中公新書ラクレ、2008年)
宇野重規『保守主義とは何か―反フランス革命から現代日本まで』(中公新書、2016年)
トマス・B・エドソール、メアリー・D・エドソール（飛田茂雄訳）『争うアメリカ―人種・権利・税金』(みすず書房、1995年)
岡山裕「アメリカ二大政党の分極化は責任政党化につながるか」、『日本比較政治学会年報』第17号（2015年）所収。
ラッセル・カーク（会田弘継訳）『保守主義の精神』上下（中公選書、2018年)
川島正樹『アメリカ市民権運動の歴史―連鎖する地域闘争と合衆国社会』(名古屋大学出版会、2008年)
土田宏『ケネディ―「神話」と実像』(中公新書、2007年)
西川賢『分極化するアメリカとその起源―共和党中道路線の盛衰』(千倉書房、2015年)
西山隆行『アメリカ型福祉国家と都市政治―ニューヨーク市におけるアーバン・リベラリズムの展開』(東京大学出版会、2008年)
ジェイムズ・T・パターソン（籾岡宏成訳）『ブラウン判決の遺産―アメリカ公民権運動と教育制度の歴史』(慶應義塾大学出版会、2010年)
堀内一史『アメリカと宗教―保守化と政治化のゆくえ』(中公新書、2010年)
セオドア・ロウィ（村松岐夫監訳）『自由主義の終焉―現代政府の問題性』(木鐸社、1981年)
渡辺靖『リバタリアニズム―アメリカを揺るがす自由至上主義』(中公新書、2019年)

<第5章>
Morris P. Fiorina, *Unstable Majorities: Polarization, Party Sorting, and Political Stalemate* (Stanford: Hoover Institution Press, 2017).
Benjamin Ginsberg and Martin Shefter, *Politics by Other Means: Politicians, Prosecutors, and the Press from Watergate to Whitewater*, 3rd ed. (New York, W.W. Norton, 2002).
Thomas T. Holyoke, *Interest Groups and Lobbying: Pursuing Political Interests in America* (Boulder: Westview Press, 2014).
David Karol, *Red, Green, and Blue: The Partisan Divide on Environmental Issues* (New York: Cambridge University Press, 2019).
Kevin M. Kruse and Julian E. Zelizer, *Fault Lines: A History of the United States since 1974* (New York, W.W. Norton, 2019).
Frances E. Lee, *Insecure Majorities: Congress and the Perpetual Campaign* (Chicago: University of Chicago Press, 2016). *

ート・ワグナーの国家構想』（勁草書房、2019年）
中野耕太郎『20世紀アメリカ国民秩序の形成』（名古屋大学出版会、2015年）
────『20世紀アメリカの夢―世紀転換期から一九七〇年代』（岩波新書、2019年）
西川賢『ニューディール期民主党の変容―政党組織・集票構造・利益誘導』（慶應義塾大学出版会、2008年）
平田美和子『アメリカ都市政治の展開―マシーンからリフォームへ』（勁草書房、2001年）
リチャード・ホーフスタッター（清水知久他訳）『改革の時代―農民神話からニューディールへ』（みすず書房、1988年）＊

<第4章>

American Political Science Association, Committee on Political Parties, "Toward a More Responsible Two-Party System," *American Political Science Review*, Vol. 44, No. 3, Part 2, Supplement（1950）. ＊
Marty Cohen, David Karol, Hans Noel, and John Zaller, *The Party Decides: Presidential Nominations Before and After Reform*（Chicago: University of Chicago Press, 2008）.
Rhodes Cook, *The Presidential Nominating Process: A Place for Us?*（Lanham, MD: Rowman & Littlefield, 2003）.
Matt Grossman and David A. Hopkins, *Asymmetric Politics: Ideological Republicans and Group Interest Democrats*（New York: Oxford University Press, 2016）.
Shigeo Hirano and James M. Snyder, Jr., *Primary Elections in the United States*（New York: Cambridge University Press, 2019）.
Bryan D. Jones, Sean M. Theriault, and Michelle C. Whyman, *The Great Broadening: How the Vast Expansion of the Policymaking Agenda Transformed American Politics*（Chicago: University of Chicago Press, 2019）.
David M. Kennedy, *Freedom from Fear: The American People in Depression and War, 1929-1945*（New York: Oxford University Press, 1999）.
Nolan McCarty, *Polarization: What Everyone Needs to Know*（New York: Oxford University Press, 2019）.
Sidney M. Milkis, *The President and the Parties: The Transformation of the American Party System since the New Deal*（New York: Oxford University Press, 1993）.
James T. Patterson, *Grand Expectations: The United States, 1945-1974*（New York: Oxford University Press, 1996）.
Eric Schickler, *Racial Realignment: The Transformation of American Liberalism, 1932-1965*（Princeton: Princeton University Press, 2016）.

America (Cambridge, Mass.: Harvard University Press, 1977).
Paul Kleppner, *The Third Electoral System, 1853-1892: Parties, Voters and Political Cultures* (Chapel Hill: University of North Carolina Press, 1979).
Michael E. McGerr, *The Decline of Popular Politics: The American North, 1865-1928* (New York: Oxford University Press, 1986).
———, *A Fierce Discontent: The Rise and Fall of the Progressive Movement in America, 1870-1920* (New York: Oxford University Press, 2005).
Robert McMath, *American Populism: A Social History, 1877-1898* (New York: Farrar, Straus and Giroux, 1992).
Sidney M. Milkis, *Theodore Roosevelt, the Progressive Party, and the Transformation of American Democracy* (Lawrence: University Press of Kansas, 2009).
John F. Reynolds, *The Demise of the American Convention System, 1880-1911* (New York: Cambridge University Press, 2012).
Heather Cox Richardson, *To Make Men Free: A History of the Republican Party* (New York: Basic Books, 2014).
Mark Wahlgren Summers, *The Gilded Age: Or the Hazard of New Functions* (New York: Prentice Hall, 1997).
Alan Ware, *The American Direct Primary: Party Institutionalization and Transformation in the North* (Cambridge: Cambridge University Press, 2002).
Richard White, *The Republic for Which It Stands: The United States during Reconstruction and the Gilded Age, 1865-1896* (New York: Oxford University Press, 2017).
Robert H. Wiebe, *The Search for Order, 1877-1920* (New York: Hill and Wang, [1967] 1980).
秋元英一『世界大恐慌―1929年に何がおこったか』(講談社学術文庫、2009年)
有賀夏紀『アメリカの20世紀<上>―1890年〜1945年』(中公新書、2002年)
井口治夫『誤解された大統領―フーヴァーと総合安全保障構想』(名古屋大学出版会、2018年)
C・V・ウッドワード(清水博他訳)『アメリカ人種差別の歴史』(福村出版、1998年)
ハーバート・G・ガットマン(大下尚一他訳)『金ぴか時代のアメリカ』(平凡社、1986年)
菅原和行『アメリカ都市政治と官僚制―公務員制度改革の政治過程』(慶應義塾大学出版会、2010年)
中島醸『アメリカ国家像の再構成―ニューディール・リベラル派とロバ

University Press, 1995).
Eric Foner, *Free Soil, Free Labor, Free Men: The Ideology of the Republican Party Before the Civil War* (New York: Oxford University Press, [1970] 1995).
———, *Reconstruction: America's Unfinished Revolution, 1863-1877*, updated ed. (New York: HarperPerennial, 2014).
Ronald P. Formisano, *The Transformation of Political Culture: Massachusetts Parties, 1790s-1840s* (New York: Oxford University Press, 1983).
William E. Gienapp, *The Origins of the Republican Party, 1852-1856* (New York: Oxford University Press, 1987).
Michael F. Holt, *The Rise and Fall of the American Whig Party: Jacksonian Politics and the Onset of the Civil War* (New York: Oxford University Press, 1999).
Joel H. Silbey, *A Respectable Minority: The Democratic Party in the Civil War Era, 1860-1868* (New York: W.W. Norton, 1977).
———, *The Partisan Imperative: The Dynamics of American Politics Before the Civil War* (New York: Oxford University Press, 1985).
———, *The American Political Nation, 1838-1893* (Palo Alto: Stanford University Press, 1991).
Harry L. Watson, *Liberty and Power: The Politics of Jacksonian America* (New York: Hill and Wang, 1990).
Robert H. Wiebe, *Self-Rule: A Cultural History of American Democracy* (Chicago: University of Chicago Press, 1995).
上杉忍『アメリカ黒人の歴史―奴隷貿易からオバマ大統領まで』(中公新書、2013年)
岡山裕『アメリカ二大政党制の確立―再建期における戦後体制の形成と共和党』(東京大学出版会、2005年)
貴堂嘉之『移民国家アメリカの歴史』(岩波新書、2018年)
———『南北戦争の時代―19世紀』(岩波新書、2019年)
トクヴィル(松本礼二訳)『アメリカのデモクラシー』全4巻(岩波文庫、2005～08年)
ドリス・カーンズ・グッドウィン(平岡緑訳)『リンカーン』上中下巻(中公文庫、2013年)
田中きく代『南北戦争期の政治文化と移民―エスニシティが語る政党再編成と救貧』(明石書店、2000年)
エリック・フォーナー(森本奈理訳)『業火の試練―エイブラハム・リンカンとアメリカ奴隷制』(白水社、2013年)

<第3章>
Morton Keller, *Affairs of State: Public Life in Late Nineteenth Century*

Harvard University Press, 1979)
Sean Wilentz, *The Rise of American Democracy: Jefferson to Lincoln* (New York: W.W. Norton, 2005).
Gordon S. Wood, *The Creation of the American Republic, 1776-1787* (Chapel Hill: University of North Carolina Press, 1969).
———, *Empire of Liberty: A History of the Early Republic, 1789-1815* (New York: Oxford University Press, 2009).
明石紀雄『トマス・ジェファソンと「自由の帝国」の理念―アメリカ合衆国建国史序説』(ミネルヴァ書房、2000年)
阿川尚之『憲法で読むアメリカ史（全)』(ちくま学芸文庫、2013年)
五十嵐武士『アメリカの建国―その栄光と試練』(東京大学出版会、1984年)
石川敬史『アメリカ連邦政府の思想的基礎―ジョン・アダムズの中央政府論』(渓水社、2008年)
ゴードン・S・ウッド（中野勝郎訳)『アメリカ独立革命』(岩波書店、2016年)
櫛田久代『初期アメリカの連邦構造―内陸開発政策と州主権』(北海道大学出版会、2009年)
斎藤眞『アメリカ革命史研究―自由と統合』(東京大学出版会、1992年)
ロン・チャーナウ（井上廣美訳)『ハミルトン―アメリカ資本主義を創った男』上下（日経ＢＰ、2019年)
中野勝郎『アメリカ連邦体制の確立―ハミルトンと共和政』(東京大学出版会、1993年)
Ａ・ハミルトン、Ｊ・ジェイ、Ｊ・マディソン（斎藤眞・中野勝郎訳)『ザ・フェデラリスト』(岩波文庫、1999年)
バーナード・ベイリン（田中和か子訳)『アメリカ政治の起源』(東京大学出版会、1975年)
ジョン・ミーチャム（森本奈理訳)『トマス・ジェファソン―権力の技法』上下（白水社、2020年)
和田光弘『植民地から建国へ―19世紀初頭まで』(岩波新書、2019年)

<第２章>
Glenn C. Altschuler and Stuart M. Blumin, *Rude Republic: Americans and Their Politics in the Nineteenth Century* (Princeton: Princeton University Press, 2000).
Tyler G. Anbinder, *Nativism and Slavery: The Northern Know Nothings and the Politics of the 1850s* (New York: Oxford University Press, 1992).
Jean H. Baker, *Affairs of Party: The Political Culture of Northern Democrats in the Mid-Nineteenth Century* (Ithaca: Cornell University Press, 1983).
Paul Bourke and Donald A. DeBats, *Washington County: Politics and Community in Antebellum America* (Baltimore: Johns Hopkins

Crowell, 1942).
Keith Krehbiel, *Pivotal Politics: A Theory of U.S. Lawmaking* (Chicago: University of Chicago Press, 1998).
Richard Neustadt, *Presidential Power and the Modern Presidents* (New York: Free Press, 1990). ＊
大沢秀介『アメリカの司法と政治』(成文堂、2016年)
アンソニー・ダウンズ (古田精司監訳)『民主主義の経済理論』(成文堂、1980年) ＊
ロバート・A・ダール (杉田敦訳)『アメリカ憲法は民主的か』(岩波書店、2014年)
待鳥聡史『代議制民主主義—「民意」と「政治家」を問い直す』(中公新書、2015年)
————『政党システムと政党組織』(東京大学出版会、2015年)
————『アメリカ大統領制の現在—権限の弱さをどう乗り越えるか』(ＮＨＫブックス、2016年)
デイヴィッド・メイヒュー (岡山裕訳)『アメリカ連邦議会—選挙とのつながりで』(勁草書房、2013年)
デイヴィッド・E・ルイス (稲継裕昭監訳)『大統領任命の政治学—政治任用の実態と行政への影響』(ミネルヴァ書房、2009年)

<第１章>
Bernard Bailyn, *The Ideological Origins of the American Revolution*, fiftieth anniversary ed. (Cambridge, Mass.: Belknap Press of Harvard University Press, 2017).
William Nisbet Chambers, *Political Parties in a New Nation: The American Experience, 1776-1809* (New York: Oxford University Press, 1963).
Stanley M. Elkins and Eric L. McKitrick, *The Age of Federalism: The Early American Republic, 1788-1800* (New York: Oxford University Press, 1993).
Richard Hofstadter, *The Idea of a Party System: The Rise of Legitimate Opposition in the United States, 1780-1840* (Berkeley: University of California Press, 1970).
Alexander Keyssar, *The Right to Vote: The Contested History of Democracy in the United States* (New York: Basic Books, 2000).
Paul Kleppner et al., *The Evolution of American Electoral Systems* (Westport: Greenwood Press, 1981).
Richard P. McCormick, *The Presidential Game: The Origins of American Presidential Politics* (New York: Oxford University Press, 1982).
Gary B. Nash, *The Urban Crucible: Social Change, Political Consciousness, and the Origins of the American Revolution* (Cambridge, Mass.:

参考文献

このリストは、本書の内容を踏まえてさらに読み進めたいと考える読者のためのものである（著者名の五十音・アルファベット順）。

紙幅の都合上、本文中で直接言及した情報・文献（書誌情報の後に＊印を付した）と本書に関連する筆者自身の論考以外は書籍に限定した。

日本語文献については、手に取りやすいもの、重要なものを掲げた。英語文献は、本書の執筆にあたり参照したものを中心に挙げている。

アメリカ政党政治研究の先達に感謝するとともに、これらの文献がアメリカの政党政治についてさらに理解を深めるきっかけになれば幸いである。

＜アメリカ政治・政治史に関する教科書・概説書＞

岡山裕・西山隆行編『アメリカの政治』（弘文堂、2019年）

紀平英作編『アメリカ史』上下（山川出版社、2018年）

久保文明『アメリカ政治史』（有斐閣、2019年）

久保文明・砂田一郎・松岡泰・森脇俊雅『アメリカ政治』第３版（有斐閣、2017年）

斎藤眞・古矢旬『アメリカ政治外交史』第２版（東京大学出版会、2012年）

西山隆行『アメリカ政治講義』（ちくま新書、2018年）

――――『アメリカ政治入門』（東京大学出版会、2018年）

＜序　章＞

John H. Aldrich, *Why Parties? A Second Look* (Chicago: University of Chicago Press, 2011).

Charles M. Cameron, *Veto Bargaining: Presidents and the Politics of Negative Power* (New York: Cambridge University Press, 2000).

Gary W. Cox and Mathew D. McCubbins, *Setting the Agenda: Responsible Party Government in the U.S. House of Representatives* (New York: Cambridge University Press, 2005).

――――, *Legislative Leviathan: Party Government in the House*, 2nd ed. (New York: Cambridge University Press, 2007).

George C. Edwards, Ⅲ, *The Strategic President: Persuasion and Opportunity in Presidential Leadership* (Princeton: Princeton University Press, 2009).

Richard F. Fenno, *Home Style: House Members in Their Districts* (New York: Longman, [1978] 2003)

Marjorie Randon Hershey, *Party Politics in America*, 17th ed. (New York: Routledge, 2017).

V. O. Key, *Politics, Parties, and Pressure Groups* (New York: Thomas Y.

着任年	議会期	共和党	民主党	その他	共和党	民主党	その他	政党	氏名
1983	98	**55**	45	0	166	**269**	0		
1985	99	**53**	47	0	181	**254**	0	共和党	R・レーガン
1987	100	45	**55**	0	177	**258**	0		
1989	101	45	**55**	0	175	**260**	0	共和党	G・H・W・ブッシュ
1991	102	44	**56**	0	167	**267**	1		
1993	103	43	**57**	0	176	**258**	1	民主党	W・J・クリントン
1995	104	**52**	48	0	**230**	204	1		
1997	105	**55**	45	0	**226**	207	2	民主党	W・J・クリントン
1999	106	**55**	45	0	**223**	211	1		
2001	107	50	50	0	**220**	213	2	共和党	G・W・ブッシュ
2003	108	**51**	48	1	**229**	205	1		
2005	109	**55**	44	1	**233**	201	1	共和党	G・W・ブッシュ
2007	110	49	49	2	202	**233**	0		
2009	111	41	**57**	2	178	**257**	0	民主党	B・オバマ
2011	112	47	**51**	2	**242**	193	0		
2013	113	45	**53**	2	**234**	201	0	民主党	B・オバマ
2015	114	**54**	44	2	**247**	188	0		
2017	115	**51**	47	2	**241**	194	0	共和党	D・トランプ
2019	116	**53**	45	2	199	**235**	0		

註：1）連邦レベルの選挙も各州が管理するため，とくに19世紀以前は議員の党派を把握するのが困難な場合がある．基本的に出典の分類に従い，一部本書の記述に対応するように修正している．2）ゴチック・網掛けは多数派を示す．3）議席数は選挙・選出時のものであり，会期中に変化する．4）上院は空席のある議会期がいくつかあるが除外した．5）その他は，無所属あるいは第三党の所属であるが，主要政党の会派に属する場合もある．6）大統領の氏名の後に付記した西暦は，前任者の死亡あるいは辞任後に政権を引き継いだ年を表す

出典：筆者作成．上下両院の議席分布については，それぞれの議院ウェブサイトに依拠した

付録　連邦議会の政党・党派別議席分布／大統領の所属政党・党派

着任年	議会期	共和党	民主党	その他	共和党	民主党	その他	政党	氏名
1927	70	48	46	1	238	194	3		
1929	71	56	39	1	270	164	1	共和党	H・フーヴァー
1931	72	48	47	1	218	216	1		
1933	73	36	59	1	117	313	5	民主党	F・ローズヴェルト
1935	74	25	69	2	103	322	10		
1937	75	16	76	4	88	334	13	民主党	F・ローズヴェルト
1939	76	23	69	4	169	262	4		
1941	77	28	66	2	162	267	6	民主党	F・ローズヴェルト
1943	78	38	57	1	209	222	4		
1945	79	38	57	1	189	244	2	民主党	F・ローズヴェルト
1947	80	51	45	0	246	188	1	民主党	H・トルーマン（1945〜）
1949	81	42	54	0	171	263	1	民主党	H・トルーマン
1951	82	47	49	0	199	235	1		
1953	83	48	47	1	221	213	1	共和党	D・アイゼンハワー
1955	84	47	48	1	203	232	0		
1957	85	47	49	0	203	232	0	共和党	D・アイゼンハワー
1959	86	35	65	0	153	282	1		
1961	87	36	64	0	173	264	0	民主党	J・F・ケネディ
1963	88	34	66	0	176	258	1	民主党	L・B・ジョンソン（1963〜）
1965	89	32	68	0	140	295	0	民主党	L・B・ジョンソン
1967	90	36	64	0	187	248	0		
1969	91	43	57	0	192	243	0	共和党	R・ニクソン
1971	92	44	54	2	180	255	0		
1973	93	42	56	2	192	243	0	共和党	R・ニクソン
1975	94	37	61	2	144	291	0	共和党	G・フォード（1974〜）
1977	95	38	61	1	143	292	0	民主党	J・カーター
1979	96	41	58	1	157	278	0		
1981	97	53	46	1	192	243	0	共和党	R・レーガン

着任年	議会期	共和党	民主党	その他	共和党	民主党	その他	政党	氏名
1871	42	56	17	1	136	104	3		
1873	43	47	19	7	199	88	5	共和党	U・S・グラント
1875	44	46	28	1	103	182	8		
1877	45	40	35	1	136	155	2	共和党	R・B・ヘイズ
1879	46	33	42	1	132	141	20		
1881	47	37	37	2	151	128	14	共和党	J・ガーフィールド
1883	48	38	36	2	117	196	12	共和党	C・アーサー (1881〜)
1885	49	42	34	0	141	182	2	民主党	G・クリーヴランド
1887	50	39	37	0	152	167	6		
1889	51	51	37	0	179	152	1	共和党	B・ハリソン
1891	52	47	39	2	86	238	8		
1893	53	40	44	4	124	218	14	民主党	G・クリーヴランド
1895	54	44	40	6	254	93	10		
1897	55	44	34	12	206	124	27	共和党	W・マッキンリー
1899	56	53	26	10	187	161	9		
1901	57	56	32	2	200	151	6	共和党	W・マッキンリー
1903	58	57	33	0	207	176	3	共和党	T・ローズヴェルト (1901〜)
1905	59	58	32	0	251	135	0	共和党	T・ローズヴェルト
1907	60	61	31	0	223	167	1		
1909	61	60	32	0	219	172	0	共和党	W・H・タフト
1911	62	52	44	0	162	230	2		
1913	63	44	51	1	134	291	10	民主党	W・ウィルソン
1915	64	40	56	0	196	230	9		
1917	65	42	54	0	215	214	6	民主党	W・ウィルソン
1919	66	49	47	0	240	192	2		
1921	67	59	37	0	302	131	2	共和党	W・ハーディング
1923	68	53	42	1	225	207	3	共和党	C・クーリッジ (1923〜)
1925	69	54	41	1	247	183	5	共和党	C・クーリッジ

1831	22	22	24	2	66	126	21		
1833	23	26	20	2	63	143	34	民主党	A・ジャクソン
1835	24	24	26	2	75	143	24		
着任年	議会期	ホイッグ党	民主党	その他	ホイッグ党	民主党	その他	政党	氏名
1837	25	17	35	0	100	128	14	民主党	M・V・ビューレン
1839	26	22	30	0	109	125	8		
1841	27	29	22	0	142	98	2	ホイッグ党	W・H・ハリソン
1843	28	29	23	0	72	147	4	ホイッグ党	J・タイラー（1841〜）
1845	29	22	34	0	79	142	6	民主党	J・ポーク
1847	30	21	38	1	116	110	4		
1849	31	25	35	2	108	113	11	ホイッグ党	Z・テイラー
1851	32	23	36	3	85	127	21	ホイッグ党	M・フィルモア（1850〜）
1853	33	22	38	2	71	157	6	民主党	F・ピアス
着任年	議会期	反民主党	民主党	その他	反民主党	民主党	その他		
1855	34	21	39	2	100	83	51		
着任年	議会期	共和党	民主党	その他	共和党	民主党	その他	政党	氏名
1857	35	20	41	5	90	132	15	民主党	J・ブキャナン
1859	36	26	38	2	116	83	39		
1861	37	31	15	3	108	44	31	共和党	A・リンカン
1863	38	33	10	9	85	72	27		
1865	39	39	11	4	136	38	19	共和党	A・リンカン
1867	40	57	9	0	173	47	4	共和党	A・ジョンソン（1865〜）
1869	41	62	12	0	171	67	5	共和党	U・S・グラント

付録　連邦議会の政党・党派別議席分布／大統領の所属政党・党派，1789～2019年

		上院			下院			大統領	
着任年	議会期	連邦派	共和派	その他	連邦派	共和派	その他	党派	氏名
1789	1	18	8	0	37	28	0	なし	G・ワシントン
1791	2	16	13	0	39	30	0		
1793	3	16	14	0	51	54	0	なし	G・ワシントン
1795	4	21	11	0	47	59	0		
1797	5	22	10	0	57	49	0	連邦派	J・アダムズ
1799	6	22	10	0	60	46	0		
1801	7	15	17	0	38	68	0	共和派	T・ジェファソン
1803	8	9	25	0	39	103	0		
1805	9	7	27	0	28	114	0	共和派	T・ジェファソン
1807	10	6	28	0	26	116	0		
1809	11	7	27	0	50	92	0	共和派	J・マディソン
1811	12	6	30	0	36	107	0		
1813	13	8	28	0	68	114	0	共和派	J・マディソン
1815	14	12	26	0	64	119	0		
1817	15	12	30	0	39	146	0	共和派	J・モンロー
1819	16	9	37	0	26	160	0		
1821	17	4	44	0	32	155	0	共和派	J・モンロー
1823	18	17	31	0	24	189	0		
着任年	議会期	アダムズ派	ジャクソン派		アダムズ派	ジャクソン派	その他	党派	氏名
1825	19	22	26	0	109	104	0	共和派	J・Q・アダムズ
1827	20	21	27	0	100	113	0		
着任年	議会期	全国派	民主党	その他	全国派	民主党	その他	政党	氏名
1829	21	23	25	0	72	136	5	民主党	A・ジャクソン

岡山 裕（おかやま・ひろし）

1972（昭和47）年兵庫県生まれ．95年東京大学法学部卒，同年同大学院法学政治学研究科助手．96〜98年コーネル大学歴史学部客員研究員．2000年東京大学大学院法学政治学研究科講師．02年東京大学大学院総合文化研究科講師（地域文化研究専攻）．04年同助教授．07年慶應義塾大学法学部准教授，11年より同教授．博士（法学・東京大学）．専攻・アメリカ政治，政治史．

著書『アメリカ二大政党制の確立――再建期における戦後体制の形成と共和党』（東京大学出版会，2005年／アメリカ学会清水博賞受賞）
Judicializing the Administrative State: The Rise of the Independent Regulatory Commissions in the United States, 1883-1937（Routledge，2019／アメリカ学会中原伸之賞受賞）
共編著『専門性の政治学――デモクラシーとの相克と和解』（ミネルヴァ書房，2012年）
『アメリカの政治』（弘文堂，2019年）

アメリカの政党政治《せいとうせいじ》
中公新書 *2611*

2020年10月25日発行

著　者　岡 山　裕
発行者　松 田 陽 三

本文印刷　三晃印刷
カバー印刷　大熊整美堂
製　本　小泉製本

発行所　中央公論新社
〒100-8152
東京都千代田区大手町 1-7-1
電話　販売 03-5299-1730
　　　編集 03-5299-1830
URL http://www.chuko.co.jp/

Published by CHUOKORON-SHINSHA, INC.
Printed in Japan　ISBN978-4-12-102611-8 C1231

中公新書刊行のことば

いまからちょうど五世紀まえ、グーテンベルクが近代印刷術を発明したとき、書物の大量生産は潜在的可能性を獲得し、いまからちょうど一世紀まえ、世界のおもな文明国で義務教育制度が採用されたとき、書物の大量需要の潜在性が形成された。この二つの潜在性がはげしく現実化したのが現代である。

いまや、書物によって視野を拡大し、変りゆく世界に豊かに対応しようとする強い要求を私たちは抑えることができない。この要求にこたえる義務を、今日の書物は背負っている。だが、その義務は、たんに専門的知識の通俗化をはかることによって果たされるものでもなく、通俗的好奇心にうったえて、いたずらに発行部数の巨大さを誇ることによって果たされるものでもない。現代を真摯に生きようとする読者に、真に知るに価いする知識だけを選びだして提供すること、これが中公新書の最大の目標である。

私たちは、知識として錯覚しているものによってしばしば動かされ、裏切られる。私たちは、作為によってあたえられた知識のうえに生きることがあまりに多く、ゆるぎない事実を通して思索することがあまりにすくない。中公新書が、その一貫した特色として自らに課すものは、この事実のみの持つ無条件の説得力を発揮させることである。現代にあらたな意味を投げかけるべく待機している過去の歴史的事実もまた、中公新書によって数多く発掘されるであろう。

中公新書は、現代を自らの眼で見つめようとする、逞しい知的な読者の活力となることを欲している。

一九六二年一一月